KB274164

무엇이든 해내는
슈퍼맨 실천법 30

무엇이든 해내는
슈퍼맨 실천법 30

1판 1쇄 발행 2009. 7. 20.
1판 2쇄 발행 2022. 7. 18.

지은이 김지완

발행인 고세규
발행처 김영사

등록 1979년 5월 17일 (제406-2003-036호)
주소 경기도 파주시 문발로 197(문발동) 우편번호 10881
전화 마케팅부 031)955-3100, 편집부 031)955-3200 | 팩스 031)955-3111

저작권자 © 김지완, 2009
이 책은 저작권법에 의해 보호를 받는 저작물이므로
저자와 출판사의 허락 없이 내용의 일부를 인용하거나 발췌하는 것을 금합니다.

Copyright © 2009 by Ji-wan Kim
All rights reserved including the rights of reproduction in whole
or in part in any form. Printed in KOREA.

값은 뒤표지에 있습니다.
ISBN 978-89-349-3521-6 03320

홈페이지 www.gimmyoung.com   블로그 blog.naver.com/gybook
인스타그램 instagram.com/gimmyoung   이메일 bestbook@gimmyoung.com

좋은 독자가 좋은 책을 만듭니다.
김영사는 독자 여러분의 의견에 항상 귀 기울이고 있습니다.

무엇이든 해내는

슈퍼맨 실천법 30

김지완 지음

김영사

한마디로 《시크릿》, 《꿈꾸는 다락방》의 이야기가 현실이 되도록 만들어주는 책이다.

26세, 정수영_직장인

"당신이 오바마, 김연아처럼 되지 못하는 이유는 무엇입니까?"라는 자존심을 긁어대는 질문에 발끈했는데, 해답을 보고 나니 한 대 얻어맞은 느낌이다. 진짜 제대로 충격을 주고 제대로 바꾸게 만드는 책이다.

29세, 김민석_프리랜서

'내가 달라지겠구나'라는 걸 첫날 알았다.

23세, 한정욱_직장인

첫날은 밑져야 본전 아니겠느냐라는 마음으로 시작했습니다. 다음 날은 재밌어서 따라했습니다. 그다음부터는 신기해서 실천했습니다.

21세, 장소라_대학생

아버지 사업은 힘들고, 내 취직은 어렵고……. 정말 답답한 순간 이 책을 읽게 되었다. 저자 역시 나처럼 힘든 순간이 있었고 그것을 이겨낸 방법이라는 말에 끌려 따라해봤는데, 이제 막막하기만 했던 길이 보인다.

25세, 이가희_대학생

끌리는 이미지, 몰입, 감사 등 성공하기 위해 꼭 알아야 할 모든 요소들을 핵심만 쏙쏙 뽑아 순서대로 따라할 수 있게 만들어주었다. 기다렸던 책이고 내 삶을 기대하게 만드는 책이다.

27세, 황의준_직장인

읽을 때 잠깐의 감동을 줄 뿐, 내 삶에는 전혀 변화가 없는 책들에 완전히 질려버렸는데, 이 책은 기존의 자기계발서와는 전혀 다른 느낌이었습니다. 마치 하나하나 지도해주는 선생님과 마주하며 내 삶을 고쳐나가는 것 같았습니다.

33세, 정상현_자영업자

대부분 하루 30분 정도면 끝나는 실천 프로그램을 가지고 이런 변화를 체감한다는 게 신기할 뿐이다.

23세, 이진숙_대학생

따라할 때마다 변화가 바로 나타나는 책이었습니다. 내 아이들에게는 물론 직장동료와 친구들에게 모두 권하고 싶은 책입니다.

36세, 김병기_직장인

꿈은
실천해야 이루어진다

스물세 살, 저는 반짝 떠오른 아이디어로 집필한 원고를 30여 곳의 출판사에 투고하여 출간, 20만 부 이상의 판매를 기록한 베스트셀러 작가가 된 경험이 있으며, 스물다섯 살에는 자본금 700만 원으로 시작한 학원 사업을 단 2년 만에 수강생 400명 이상의 학원으로 성장시킨 경험이 있습니다.

나이와 능력에 비해 과분한 경험을 할 수 있었던 이유는 딱 하나, 성공한 사람들의 공통된 습관을 하루하루 성실하게 '실천'했기 때문입니다.

"간절한 마음으로 꿈이 이루어지는 상상을 하면 그 꿈은 반드시 이루어진다!"

최근에 출간된 여러 자기계발서는 자신의 꿈을 선명하게 그리라는 조언을 해주고 있습니다.

그런데 정말 간절히 원하면 꿈은 이루어질까요?

이 책들은 자신의 꿈이 무엇인지조차 모르는 사람에게 꿈꾸는 것의 소중함을 알려주었고, 성공은 남의 것이라고 생각하는 사람에게 누구나 성공할 수 있다는 자신감을 주었습니다. 하지만 '꿈만 꾸면 성공한다'는 오해도 함께 심어주지 않았나 하는 생각이 듭니다.

그렇다면 진짜 꿈을 이루는 방법은 무엇일까요? 성공하는 사람들의 공통 습관을 30일 동안 따라하는 이 책의 실천 프로그램이 그 해답이 될 것입니다.

IMF 시절, 저는 미국 미시간대학교 경제학과에서 공부하다가 갑자기 한국으로 돌아와야 했습니다. 아버지께서 경영하시던 건설 사업이 부도처리되었기 때문이었죠.

늘 풍족하게 살았던 스무 살의 저에게는 받아들이기 힘든 상황이었습니다. 참으로 암담한 시절이 계속되었고, 사정은 도무지 나아질 기미를 보이지 않았습니다.

술 취해 지내는 날들이 계속되었죠. 그런데 어느 날이었습니다. 술에 잔뜩 취해 그대로 곯아떨어진 뒤, 방 안 가득 쏟아져 들어오는 햇살을 받으며 일어났는데, 문득 이런 생각이 들었습니다.

'상황이 변할 수 없다면 내가 변하면 된다!'

이후 저는 성공하기 위한 변화의 방법을 찾기 위해 각 분야에서 성공한 멘토를 찾아다니며 조언을 구했고 권위 있는 자기 변화 프로그램에 참여

했습니다. 뿐만 아니라 국내외 자기계발과 관련된 수백 권의 책을 찾아 탐독했죠. 그러면서 결심하고 좌절하고 다시 결심하기를 수십 번, 이런 과정을 거치면서 한 가지 깨닫게 된 것이 있었습니다. 그것은 크거나 작거나 좋은 결과는 바로 '실천'에서 온다는 것이었습니다.

저는 무엇이든 바라는 것은 계획했고 실천했습니다. 그러자 정말 놀라운 일들이 일어났습니다. 베스트셀러 작가로, 프랜차이즈 학원 사업가로, 성공은 기분 좋게 시리즈처럼 이어졌습니다. '실천'이라는 해법은 아주 간단했지만 그 마력은 대단했습니다!

실천과 성공의 역동적 관계에 재미를 느낀 저는 한 가지 바람이 생겼습니다. 간절하게 원하면 꿈이 이루어진다고 '생각만' 하는 사람들에게 꿈을 이루는 구체적인 실천 방법을 알려주고 싶다는 것이었습니다. 하지만 이렇게 하기 위해서는 제 경험을 좀 더 논리정연하게 설명할 수 있어야 했죠. 그래서 저는 더 많은 객관적 데이터를 찾아다녔고, 제 주변 사람들에게 그 실천 방법을 알려주며 그들이 성공적으로 꿈에 다가서는 것을 지켜봤습니다.

이 책의 실천 방법은 이미 성공한 많은 사람들이 실천하고 있는 것일 뿐 제가 만들어낸 방법은 아닙니다. 다만 저처럼 불필요한 시행착오를 줄이기 위해 짧은 기간 누구나 쉽게 따라할 수 있도록 최적의 순서로 정리한 것입니다. 그러므로 당신이 확신을 갖고 이 책의 실천 방법을 따라한다면

30일이라는 짧은 기간 동안 꿈을 이루기 위해 가장 강력한 도구를 알게 될 것이고 스스로 그것을 습관으로 만들 것입니다.

꿈을 이루는 공식은 간단합니다. 명확한 꿈에 실천을 더하는 것이죠. 명확한 꿈을 세웠다면 그 꿈을 이룰 수 있다는 확신을 갖고 이 책의 실천을 꼭 따라하십시오. 단 하루의 실천도 빠뜨리지 말고 완벽하게 따라했다면 누구나 제가 경험했던 실천의 기적을 맛볼 수 있을 것입니다.
이제 실천이 주는 놀라운 기적은 당신이 경험할 차례입니다.

2009년 7월

김지완

차 례

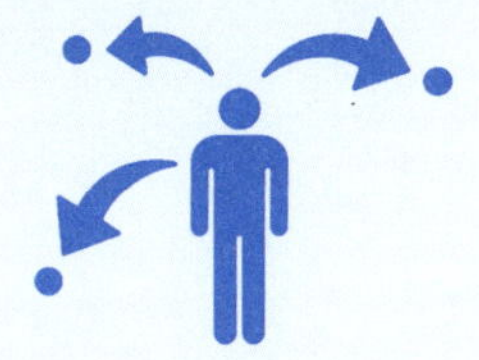

2주_자신의 모든 스타일을 바꿔라

3주_감사, 긍정, 칭찬으로 무장하라

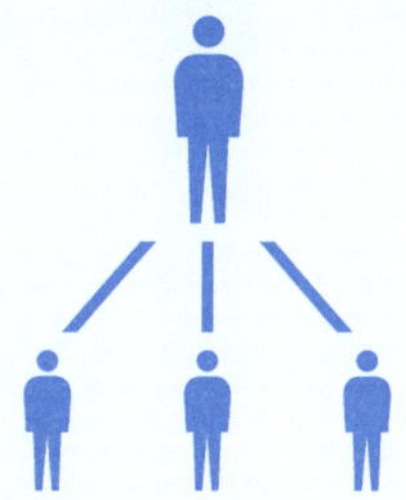

4주_일과 사람에 몰입하라

5주_꿈을 이룰 때까지 도전하라

이 책이 당신을 당장 부자로 만들어준다거나 취직을 시켜주지는 못할 것입니다.
하지만 이 책의 30일 실천 프로그램을 성실하게 따라한다면
성공의 출발선에 설 수 있다는 것은 자신 있게 말씀드립니다.
본격적으로 실천하기 전, 아래의 내용대로 서약해주기 바랍니다.

서약서

빈칸에 자신의 이름을 넣어 큰 소리로 읽으며 서약하십시오.

1. 나 ___________는(은) 지금 이 순간부터 더 행복해지고 더 부유해지겠습니다.

2. 나 ___________는(은) 이 책의 내용을 눈으로만 보지 않고 최선을 다해 직접 따라하겠습니다.

3. 나 ___________는(은) 포기하지 않고 이 책의 실천 사항을 끝까지 따라하겠습니다.

위와 같이 서약합니다.

년   월   일

(서명)

1주

삶의 기대치를 높여라

꿈은 현실의 묘목이다.

–

나폴레옹 힐

우리가 버락 오바마나 김연아처럼
되지 못하는 이유는 무엇입니까?

우리도 그들처럼 될 수 있을까요?

먼저 아래 질문에 답해보기 바랍니다.

다음 보기 중 현재 나의 인생 목표와 가장 가까운 것은 무엇인가?

1 회사(혹은 일터)에서 안정적으로 일할 수 있는 것이 목표이다. ○

2 회사(혹은 일터)에서 남들보다 앞서가는 것이 목표이다. ○

3 회사뿐 아니라 우리나라에서 최고가 되는 것이 나의 목표이다. ○

4 세계 최고가 되는 것이 나의 목표이다. ○

당신은 몇 번을 선택했나요?

1번…… 2번…… 아니면 3번? 그것도 아니라면 4번?

보통은 1번이나 2번을 선택했을 겁니다.
그렇다면 버락 오바마나 김연아는 이 질문에 어떻게 답했을까요?
주저 없이 4번 '세계 최고가 되는 것'이라 말했을 것입니다.

그렇습니다.
당신과 오바마, 김연아의 가장 큰 차이는
바로 인생 목표와 기대치의 차이입니다.
오바마는 이미 초등학생 때 미국 대통령이 되겠다는
원대한 꿈이 있었습니다.
김연아는 초등학교 1학년 때 피겨 스케이팅 국가대표가 되어
세계 최고가 되겠다는 당찬 꿈이 있었습니다.
이것이 바로 당신과 그들의 차이입니다.

크든 작든 목표는 원하는 만큼 이루어지게 되어 있습니다.
목표와 기대치의 크기는 자신이 정하기 나름입니다.

어떤 삶을 살기로 결심하겠습니까?
그럭저럭 편하게 사는 삶…….
원하던 꿈을 이루는 삶…….
남에게 도움이 되는 삶…….

그 결심은 지금, 오직 당신만이 할 수 있습니다.

내 삶의 결핍을 찾아라

당신은 지금 자신의 삶에 만족합니까?

사람들은 대부분 자신의 삶이 만족스러운지 아닌지 생각할 겨를도 없이, 회사와 집을 오가며 TV와 인터넷에 빠져 아무 생각 없이 하루하루를 살아가고 있습니다.

열다섯 살에 영국으로 유학을 떠난 한 학생 역시 마찬가지였습니다.
집안이 꽤 부유했던 이 학생은 사치스러운 유학생활을 즐겼습니다. 중학교 3학년밖에 안 된 나이에 한 번 쇼핑을 하면 수백만 원 상당의 명품 옷과 명품 구두, 명품 시계를 고르는 것이 기본이었지요.

그러나 그 생활은 학생이 영국에서 다시 미국으로 건너가 대학생활을 하던 스무 살 때 끝났습니다.

아버지의 건설 사업이 IMF로 부도가 났기 때문입니다

학생은 갖고 있던 로렉스 시계를, 페라가모 구두를 팔아야만 했습니다.

한 달 용돈 300~400만 원은커녕 졸지에 학비조차 받을 수 없는 형편이
되었지요.

학생은 태어나서 처음으로 돈에 대한 '결핍'을 느꼈고, 그것은 곧 '돈을
벌어야겠다'는 목표로 이어졌습니다.

대학을 중퇴하고 한국으로 돌아온 스무 살의 학생은 간절한 마음으로《벼
룩시장》의 구인란을 샅샅이 살폈습니다.

그리고 무턱대고 영어학원 원장을 찾아갔습니다.

자초지종을 설명하고 남들보다 몇 배 더 열심히 일하겠다고 다짐한 다음
영어 강의를 시작했습니다. 정말 인생 최대의 프로젝트를 수행하듯 열과
성을 다해 강의했지요.

처음 한 달에 100만 원이었던 월급은 얼마 지나지 않아 200만 원으로 올
랐고, 다시 300만 원으로 올랐습니다.

학생이 돈에 대한 결핍을 느낀 지 채 1년도 안 되어 일어난 일입니다.

믿어도 되는 이야기냐고요? 그렇습니다.

이 이야기는 바로 저, 김지완의 이야기입니다.

삶의 변화는 결핍을 알아차리는 것에서부터 시작합니다.

제가 스무 살에 대학 중퇴의 학벌과 경력 전무인 상태로 대기업 신입사원보다 더 높은 연봉을 받을 수 있었던 작은 성공 역시 돈에 대한 '결핍'을 느낀 데서부터 시작했습니다.

결핍은 누구에게나 있기 마련입니다.

지금, 당신 삶의 결핍은 무엇입니까?

혹시 당신은 결핍을 외면한 채 인터넷과 TV로 도피하고 있지는 않습니까? 사는 게 원래 그런 거라고 무책임한 핑계를 대고 있지는 않나요?

결핍을 알아야 성공을 꿈꿀 수 있습니다.

아픈 곳을 모르면 수술은커녕 약조차 먹을 수 없는 것처럼, 만약 당신이 현재 모든 상황을 아무 생각 없이 받아들인다면 당신의 미래 역시 나아질 것이 없습니다.

두렵고 힘들더라도 현재의 상황을 솔직하게 바라보고 결핍이 무엇인지 알아내야 합니다.

바로 거기서부터 변화가 시작되기 때문입니다.

현재의 삶에 만족합니까?

아니라면 당신에게 부족한 것은 무엇입니까?

당신이 가진 콤플렉스는 무엇인가요?

이제 당신이 자신의 삶에 얼마만큼 만족하고 있는지,

또 만족하지 못하는 부분이 있다면 정확히 어떤 것인지 알아볼 것입니다.

지금 '나의 결핍'을 알아보겠다는 마음의 준비가 되었습니까?

그렇다면 다음 페이지로 넘기기 바랍니다.

오늘의 실천

오른쪽 페이지의 '나의 삶 만족도 진단'은 미국의 대표적 리서치 기업 해리스인터랙티브(Harris Interactive)의 '행복도 조사표'를 참조하여 한국 환경에 맞게 만든 것입니다.

먼저 오른쪽 페이지로 가서 질문에 대해 진지하게 고민한 후, 펜을 들고 점수를 써보기 바랍니다.

열두 가지 항목에 신중히 점수를 매겼습니까?

'과연 나는 나의 삶에 얼마나 만족하며 살고 있나?' 깊이 생각해보는 계기가 되었으리라 믿습니다.

혹시 36점 만점이 나온 사람이 있습니까?

장담하건대, 없을 것입니다.

일반적으로 누구나 '불만족' 혹은 '매우 불만족'인 부분이 있을 것입니다.

바로 그 부분이 변화의 출발점입니다.

✓ 나의 삶 만족도 진단하기

★ 3점 만점을 기준으로 질문에 답합니다. / 3점 = 매우 만족, 2점 = 만족, 1점 = 보통, 0점 = 불만족

내용	점수
1 나는 나의 경제적 상황(월급, 자가용, 집 등)에 만족하는가?	◯
2 나는 나의 현재 일(직업, 공부 등)에 만족하는가?	◯
3 나는 나의 최종 학력에 만족하는가?	◯
4 나는 나의 능력(영어 실력, 업무 실적 등)에 만족하는가?	◯
5 나는 나의 외모(몸매, 옷차림, 헤어스타일 등)에 만족하는가?	◯
6 나는 나의 건강에 만족하는가?	◯
7 나는 나의 가족관계(부모님, 배우자와의 관계 등)에 만족하는가?	◯
8 나는 나의 사회관계(직장 동료, 친구, 이웃과의 관계 등)에 만족하는가?	◯
9 나는 나의 내면(자신의 감정 조절이나 욕구 절제, 행복감 등)에 만족하는가?	◯
10 나는 앞으로 예상되는 혹은 기대되는 나의 미래(5년, 10년 후의 모습 등)에 만족하는가?	◯
11 나는 국가 정세(정치적, 경제적 이슈 등)에 만족하는가?	◯
12 나는 세계 정세(북한의 핵 개발, 경제 위기 등)에 만족하는가?	◯
합계	

평가 32점 이상 = 매우 만족, 25~31점 = 만족, 18~24점 = 보통, 12~18점 = 불만족, 12점 미만 = 매우 불만족

이제 좀 더 구체적으로 접근해, 당신에게 어떤 부분이 부족한지 적어보도록 하겠습니다.
먼저 오른쪽 페이지로 넘어가 '결핍 테이블'을 작성하기 바랍니다.
정확히 무엇이 결핍돼 있는지를 알아야 변화가 시작될 수 있으므로 솔직하게 적어야 합니다.

이제 당신은 자신의 삶에 얼마나 만족하는지, 자신의 삶에서 결핍된 것이 무엇인지 알게 되었습니다.
자, 이제 내일부터는 당신의 결핍을 해결해보도록 하겠습니다.
인생 목표를 이루기 위해 첫 발을 내딛은 당신에게 박수를 보냅니다.

J의 어드바이스 ★ 자신의 장점을 부각시키는 사람보다 더 현명한 사람은 자신의 단점과 결핍을 잘 이용할 줄 아는 사람입니다. 단점과 결핍이 있다는 것은 부끄러운 일이 아닙니다. 그것을 숨기고 '안 된다'는 생각에 젖어 사는 게 부끄러운 일이지요. 과감하게 자신의 부족한 점을 인정하고 문제 해결 방법을 찾는 데 당당하십시오. 즐거운 결과가 기다리고 있을 것입니다.

✓ 결핍 테이블 작성하기

분야	구체적 결핍 내용
경제	예) 월급이 150만 원인데 생활비를 하기에도 턱없이 부족하다. 통장은 항상 마이너스이고 내 집 마련의 길이 막막하다.
건강	예) 대학 졸업 이후 너무 뚱뚱해져서 쉽게 피곤해진다.
관계	예) 언제부턴가 배우자와 의사소통이 어렵고 관계가 행복하지 않다는 생각이 자꾸 든다.
내면	예) 온통 부정적인 생각으로 머리가 꽉 차 있고 걱정 때문에 밤에 잠이 오지 않는다.
정세	예) 현재 한국의 경제가 너무 걱정된다. 이런 상황이 매우 불만이다.

한 단계 높은 기대치를 품어라

어제 당신은 '나의 삶 만족도 진단'과 '결핍 테이블 작성'을 통해 자신의 삶에 있어 결핍이 무엇인지를 알게 되었습니다.

이제 당신에게 필요한 것은 바로 높은 기대치와 그 기대치를 만족시키게 하는 '어퍼메이션(Affirmation)'입니다.

어퍼메이션이 무엇이고, 그것이 왜 필요한지 궁금하다고요?

먼저 세계 최고의 축구 선수 데이비드 베컴부터 만나보겠습니다.

베컴의 자서전 《데이비드 베컴-마이 사이드》에는 그가 대여섯 살부터 주변 사람들에게 늘 "나는 맨체스터 유나이티드(Manchester United)의 축구 선수가 될 거야"라고 말했다는 이야기가 나옵니다.

"내가 계속해서 축구에 정진했던 가장 큰 이유는 처음 공을 차면서부터 간절하게 기다렸던 맨체스터 유나이티드 입단 제의를 결국에는 받을 수 있을 것이라는 집념과 염원 때문이었다."

실제로 베컴은 열세 살이 되던 해 '세계 최고의 축구 클럽, 맨유 입단'이라는 꿈을 이루고 이렇게 말합니다.

"이 날을 위해 제일 중요한 10년의 세월을 준비했다."

그렇습니다.
베컴은 아주 어린 시절부터 세계 최고의 축구 클럽 '맨유'라는 높은 기대치를 가졌고, 맨유 선수가 되는 것이 예정된 사실인 양 말했으며, 결국 맨유에 입단하여 세계 최고의 선수가 되었습니다.
이 이야기는 높은 기대치를 갖는 것, 그리고 그 기대치에 대해 스스로에게 긍정적으로 말하는 것이 얼마나 놀라운 결과를 가져오는지 명확히 보여주는 멋진 사례입니다.

'어퍼메이션'이란 이렇게 의식적으로 자신에게 긍정적인 선언을 하여 원하는 바를 이루는 것을 말합니다.
베컴이 어린 시절, 또래보다 작은 키에도 불구하고 축구를 시작하자마자 세계 최고의 축구 클럽 맨유에 입단하겠다고 마음먹고 자신과 이웃에게 "나는 맨체스터 유나이티드의 축구 선수가 될 거야"라고 말한 것이 바로 어퍼메이션입니다.

변화를 원하는 당신에게 지금 필요한 일은 높은 기대치를 갖는 것입니다. 그리고 그것이 꼭 이루어진다고 믿으며 긍정적인 선언을 하는 것, 즉 어퍼메이션을 하는 것입니다.
자기 자신에게 격려와 용기의 말을 들려주는 습관, 좀 더 나은 인생을 살아보려는 사람에겐 효과 좋은 보약과 같습니다.

저도 몇 년 전부터 매일 아침 거울을 보며 외칩니다.

"난 해낼 것이다!"
"김지완! 넌 반드시 네가 원하는 일을 이룰 수 있다!"

이렇게 외치고 하루를 시작하면 정말 모든 것을 이룰 것 같고, 또 실제로 이런 자신감이 그날의 결실에도 큰 영향을 미치는 것을 경험하고 있습니다.

당신이 어제 적었던 결핍을 해결하기 위해 가장 먼저 해야 할 일은 높은 기대치를 가지는 것입니다.

그리고 자신에게 외치는 것입니다.

"나도 할 수 있다!"

오늘의 실천은 간단합니다.

첫째는 높은 기대치 갖기, 둘째는 어퍼메이션입니다.

우선 진지한 마음으로 당신의 온 에너지를 다해 오른쪽 페이지의 'Aim High(에임 하이, 높은 기대치) 테이블'을 작성하십시오.

높은 기대치는 당신의 인생 모든 부분에 걸쳐 지대한 영향을 미칩니다.

심지어 배우자를 만날 때조차! 배우자에 대한 기대치가 높으면 당연히 그 기대치에 맞는 사람을 만날 수 있습니다.

잊지 마세요. 오바마 혹은 김연아와 우리의 차이는 바로 기대치의 차이라는 것을!

이제 결핍에 대한 기대치를 높게 잡은 당신에게 필요한 것은 어퍼메이션입니다.

당신 자신에게 말하세요.

"난 할 수 있다!"

√ Aim High 테이블 작성하기

1 어제 작성한 결핍 테이블을 쭉 읽어보고 다시 한 번 자신에게 결핍된 것들을 생각해봅니다.
2 그 결핍에 대해 자신의 기대치를 높게 정하고 아래 Aim High 테이블에 서술형으로 적습니다.
3 기록한 내용을 소리 내어 크게 두 번 반복해서 읽습니다.

분야	구체적 기대치 내용
경제	예) 난 최소한 월 300만 원은 받아야 하는 사람이다.
건강	예) 난 몸짱이나 철인경기 참가자들처럼 건강하게 살 수 있는 사람이다.
관계	예) 난 주변 사람들에게 사랑받아도 될 사람이다.
내면	예) 난 항상 평안함과 온유함 속에 하루하루를 즐겁게 살 수 있는 사람이다.

이 책을 읽기 전 직접 따라하겠다고 서약했던 마음으로 아래 빈칸에 자신의 이름을 적은 후 문장을 큰 목소리로 힘차게 읽습니다.

나 _______________는(은) 더 나은 삶을 살고 싶다!

나 _______________는(은) 더 나은 삶을 살 자격이 있다!

나 _______________는(은) 더 나은 삶을 살 수 있다!

나 _______________는(은) 더 나은 삶을 위해 실천할 것이다!

> **J의 어드바이스** ★ 사실 "I Can!"이라고 외치는 일은 누구나 할 수 있을 만큼 쉽습니다. 그런데도 많은 사람들이 쑥스럽다는 이유로 주저하죠. 혹시 지금 당신도 그런가요? 그렇다면 이제 이 책을 더 이상 읽지 말기 바랍니다. 이 책은 읽는 책이 아니라 실천하는 책입니다. 책을 덮고 싶지 않다면 "I Can!"이라고 외치세요. 단 한 번의 용기가 당신을 바꿉니다.

마지막으로 'Can Do' 구호를 힘차게 세 번 외칩니다.

He can do! She can do! Why not me!

그 남자도 하고 그 여자도 하는데 나라고 못 할 건 뭐냐!

He can do! She can do! Why not me!

그 남자도 하고 그 여자도 하는데 나라고 못 할 건 뭐냐!

He can do! She can do! Why not me!

그 남자도 하고 그 여자도 하는데 나라고 못 할 건 뭐냐!

J의 플러스 스토리 ★ 김태연의 'Can Do!'

맨손으로 미국 100대 유망회사 TYK 그룹을 만들어낸 김태연 회장의 이야기는 매우 유명하지요.
미국 내 소수 인종, 변변치 않은 학력, 아이를 낳을 수 없는 이혼녀, 하루 세 끼를 수제비로 때워야
했던 가난…… . 이 모든 것을 극복하고 미국 100대 유망회사를 만들어내기까지 그녀가 매일 자신
에게 건 주문이 바로 'He can do! She can do! Why not me!'입니다.

자신의 꿈을 종이 위에 적어라

어제의 실천을 통해 당신은 더 나은 삶을 살 수 있다는 확신을 가졌나요? 혹시 여전히 확신이 들지 않는다면 다시 2일차로 돌아가 I Can 구호를 여러 번 외치기 바랍니다.

기억하세요.
세 살 때 맨유에 입단하겠다고 결심했던 베컴도 능력이나 환경이 남들보다 뛰어나서 그런 기대치를 가졌던 것이 아닙니다. 먼저 확실한 기대치를 가지면 나머지는 저절로 당신을 따라올 것입니다.

오늘은 어떻게 하면 더 나은 삶을 살 수 있을지, 그 방법을 본격적으로 배우고 실천해보도록 하겠습니다.

먼저 아래의 질문에 진지하게 답하기 바랍니다.

당신의 꿈은 무엇입니까?
1초…….
2초…….
3초…….

대답했습니까?
만약 3초 안에 대답할 수 없다면 당신은 꿈이 없는 것입니다.

그렇습니다!
이제 더 나은 삶을 살기로 결심한 당신에게 필요한 것은 구체적인 꿈, 명확한 목표입니다.
막연히 높은 기대치만 갖는다고 삶이 바뀌지는 않습니다.
이것은 마치 아무런 목적지 없이 여행을 떠난 사람이 언젠가 멋진 섬에 도착하리라고 믿는 것과 다름없습니다.
여행을 떠날 때 미국의 뉴욕이든 중국의 베이징이든 목적지가 있어야 그곳에 갈 수 있습니다. 우리 삶의 여행 역시 정확한 목표가 있어야 지금보다 더 나은 곳에 도착할 수 있습니다.
2007년 1월, 저는 한 해의 목표를 세우는 '꿈 테이블'을 만들었습니다.

그 당시 저는 기대하고 있던 건설 사업이 예상 밖으로 부진해 한 달에 100만 원을 간신히 벌고 있었는데, 여러 가지 형편상 도저히 그 수입으로는 생활이 어려웠습니다.

다시 한 번 돈에 대한 결핍을 느낀 저는 꿈 테이블을 꼭 이뤄야겠다는 결심과 함께 2007년 월수입 목표를 1,000만 원으로 적었습니다. 사실 월 100만 원을 벌던 제게 1,000만 원은 너무 높은 목표였죠.

그러나 정말 순진한 어린아이처럼 목표 칸에 월수입 1,000만 원을 적고, 즐거워해줄 사람들 칸에 가족과 친구들의 이름을 적었는데…… 놀랍게도 채 6개월이 되지 않아 그 꿈이 이루어지는 것이었습니다!

물론 월수입이 100만 원에서 1,000만 원으로 열 배가 늘기까지 수많은 노력과 도전을 해야 했지요. 하지만 중요한 사실은 이 모든 변화의 시작이 '꿈 테이블 작성'이었다는 것입니다.

또 한 가지 사례를 만나볼까요? 《보물지도》라는 책에는 전 세계적으로 8,000만 부가 팔린 《영혼을 위한 닭고기 수프》의 저자 마크 빅터 한센의 이야기가 나옵니다.

마크는 무일푼 파산 상태라는 어려운 상황에서 자신만의 TV 토크쇼를 하고 싶다는 내용을 종이에 적어 고이 간직합니다. 사실 당시 마크의 입장에서는 가능성 제로의 꿈이었죠.

하지만 정확히 9년 뒤, 마크는 그의 이름을 타이틀로 한 토크쇼를 만들고 싶다는 전화를 받게 됩니다.
마크는 방송국 담당자에게 말하죠.
"이 전화가 오기를 9년간 기다렸소!"

그렇습니다!
당신의 꿈을 종이에 적고, 그 꿈을 위해 노력하고, 어린아이처럼 순진한
마음으로 그 꿈이 꼭 이뤄질 것이라 믿으며 기다리십시오.
당신의 꿈은 반드시 이뤄질 것입니다.

오늘의 실천

간절한 소망이 적힌 메모 한 장, 몇 줄의 글은 상상도 하지 못할 에너지를
발산합니다.

그 에너지가 원하는 목표를 향해 서서히 당신을 움직이게 하지요.

이제 당신의 꿈을 종이에 적어볼 차례입니다.

오른쪽 페이지로 가서 '꿈 테이블'을 작성해보십시오.

반드시 이루어질 수 있다는 확신을 갖고 작성하기 바랍니다.

꿈 테이블이 당신의 미래를 바꿀 수 있습니다.

J의 플러스 스토리 ★ 종이 위의 기적, 쓰면 이루어진다

성공한 많은 사람들이 종이 위의 기록이 미치는 힘을 깨달았습니다.

《종이 위의 기적, 쓰면 이루어진다》의 저자 헨리에트 앤 클라우저 역시 이렇게 말하죠.

"'기록한 대로 이루어진다'는 믿음을 담아 열정적으로 펜을 움직이면 그것은 스스로 에너지를 발산
하게 된다. 결국 당신의 손으로 삶을 움직이게 되는 것이다."

✓ 꿈 테이블 작성하기

1 피아노 연주곡 등 조용히 생각할 수 있는 음악을 들으며, 심호흡을 크게 하여 마음을 편안하게 가라앉힙니다.

2 아래의 표 빈칸을 채우는 데 옳고 그름, 현재의 상황 등을 전혀 고려하지 말고 그냥 어린아이처럼 마음에 떠오르는 대로 적습니다. 최소 세 가지, 세 명 이상을 적습니다.

	원하는 목표	목표 달성했을 때 즐거워해줄 사람
일(전공)	예) 프랜차이즈 레스토랑 오픈	예) 약혼자, 아버지, 어머니, 친구 B
사 랑	예) 아내와 유럽 여행	예) 아내, 아들, 엄마
머스트 해브 아이템	예) 48평형 아파트	예) 아들, 아내, 형

3 꿈 테이블 작성이 끝나면 천천히 꿈 테이블을 읽어보며 그대로 성공해 있을 미래의 자신을 상상하고 곁에서 즐거워해줄 사람들의 표정을 떠올려봅니다.

4 꿈 테이블을 여러 장 복사해서 자주 눈이 가는 곳, 예를 들어 책상 앞이나 화장실 문 등에 붙입니다.

5 만약 오늘의 실천을 좀 더 적극적으로 하고 싶다면, 꿈 테이블의 내용 중 핵심이 되는 것을 한두 문장으로 요약해서 현수막을 제작해 눈에 잘 띄는 곳에 걸어놓습니다.

당신이 작성한 꿈 테이블에서 에너지가 느껴집니까?

오늘부터 매일매일, 종이 위에 적은 자신의 꿈을 읽어보고 성공한 미래의 모습을 상상해보기 바랍니다.

꿈 테이블을 계속해서 들여다보는 일만으로도 당신의 노력은 이미 시작된 것입니다. 꿈 테이블은 당신을 끊임없이 뒤처지게 만들었던 열등감, 상처, 분노조차 지워낼 수 있습니다. 마음을 다해 종이 위에 공들여 쓴 글이 희망의 에너지를 전해주니까요.

'그럴 리가……'라고 생각한다면 당신의 꿈 테이블 작성은 잘못된 것입니다.

그렇다면 뒤로 돌아가 마음을 편안하게 가라앉히고 다시 꿈 테이블을 작성해야 합니다.

이것저것 따지고 의심하지 않는 순수한 어린아이의 마음으로요.

작은 수고로움이 당신에게 큰 선물을 가져다줄 것입니다.

J의 플러스 스토리 ★ 강헌구 교수의 비전 플래카드

150만 부가 팔린 베스트셀러 《아들아 머뭇거리기에는 인생이 너무 짧다》를 집필한 강헌구 교수. 그는 평범한 월급쟁이였던 시절 사람들에게 비전과 리더십의 성경적 원리를 전파하겠다는 사명을 가지고, 그 비전을 글로 작성한 후 프린트하여 눈에 띄는 곳이면 어디에나 그 글을 붙여놓았다고 합니다. 심지어 그 비전을 플래카드로 제작하여 연구실에 걸어놓고, 그것으로도 모자라 휴대용 플래카드를 제작해 혹 여행지에 가게 되면 호텔 숙소에도 걸어놓았다고 합니다.

정말 대단하지 않은가요?

J의 어드바이스 ★ 오늘 제작한 꿈 테이블은 6일차까지 계속 사용할 것입니다. 그러니까 반드시 꿈 테이블을 최소한 한 부 이상 작성해서 눈에 가장 잘 띄는 곳에 붙여놓기 바랍니다.

꿈에 맞는 이미지를 찾아라

어제 실천한 꿈 테이블 작성만으로도 삶의 변화를 겪었다고 말하는 사람들이 많습니다.

그러나 우리는 여기에서 머무르지 않고 오늘과 내일, '꿈 테이블'을 '꿈 지도'로, 다시 '드림무비'로 한 단계씩 업그레이드 시킬 것입니다.

오늘은 먼저 여러분이 잘 아는 한 여성 방송인의 이야기를 해보겠습니다.

오랜 무명생활에도 방송인이 되겠다는 꿈을 포기하지 않고 살던 어느 날, 그녀는 평소 좋아하던 고기를 먹고 싶어 주머니를 털었습니다.

그러나 전 재산은 단돈 1만 5000원.

그녀는 그 돈으로 고기 대신 고기껍데기를 사먹으며 반드시 성공한 방송인이 되리라 다짐합니다. 그리고 자신의 방에 성공한 선배의 사진을 붙여놓고 반드시 그 선배처럼 되리라 결심하죠. 그녀는 오디션에 낙방할 때마다 선배의 사진을 보며 마음을 다잡곤 합니다.

그리고 7년 후, 그녀는 섭외 1순위 방송인이 되었고 그녀가 집필한 재테크 책은 베스트셀러가 되었습니다.

짐작했나요? 그렇습니다. 현재 누구보다 활발하게 활동 중인 방송인 현영의 이야기입니다.

그녀는 한 대학 특강에서 이렇게 말했죠.

"힘들고 어려울 때마다 방에 붙여놓은 김원희 씨의 사진을 보고 마음을 다졌습니다……. 그리고 어느 순간 〈헤이헤이 시즌 2〉에 출연해 김원희 씨와 나란히 앉아 있는 나 자신을 보게 됐죠."

오늘 당신은 힘들 때 격려해주고 꿈을 향한 당신의 열정이 식지 않게 도와줄 당신만의 '김원희 사진'을 모을 것입니다.

J의 플러스 스토리 ★ 대통령의 꿈을 키운 빌 클린턴의 이미지

이미지를 보며 꿈을 키우는 것은 성공한 사람들 사이에서는 매우 널리 사용되는 방법 중 하나입니다. 이미 수많은 베스트셀러들이 이미지 수집에 관해 많은 페이지를 할애했고, 수많은 사람들이 비싼 참가비를 내며 이미지 수집에 관한 프로그램에 참가하고 있습니다.

빌 클린턴 역시 캐네디 대통령과 찍은 사진을 보며 대통령의 꿈을 키웠다는 사실, 알고 있었나요?

이제 꿈에 근접한 이미지들을 모아 당신 안의 기적을 이끌어내기 바랍니다.

오늘의 실천

'이미지 끌어당기기'는 말 그대로 자신이 원하는 이미지들을 끌어당기는 게임입니다.

당신은 진지한 마음으로 에너지를 다 쏟아 오늘의 실천을 해야 합니다.

준비물 리스트

1 3일차에 작성한 꿈 테이블
2 옷, 자동차, 인물 등 이미지가 많은 헌 잡지 열 권, 가위
3 삶의 변화에 대한 간절한 마음

✓ 이미지 끌어당기기

1 1주 3일차에 작성한 꿈 테이블을 다시 한 번 찬찬히 살펴봅니다.

2 잡지에 나온 이미지들을 쭉 훑어보며 꿈 테이블의 각 분야별 목표에 맞는, 혹은 꿈 테이블을 보충해줄 만한 이미지를 최대한 많이 골라 오려냅니다. 예를 들어 '강남에 편의점 오픈'이라면 원하는 회사의 편의점 사진을 오립니다. 또 '아내와 유럽 여행'이라면 유럽 여행을 하는 멋진 부부의 사진이나 하늘을 나는 비행기 사진을 오립니다.

3 조금 더 완벽한 자신만의 맞춤형 사진을 원한다면, 클린턴이 캐네디 대통령과 사

진을 찍었던 것처럼 원하는 이미지와 함께 사진을 찍습니다. 예를 들어 원하는 이미지가 '48평형 아파트'라면 실제 48평형 아파트 모델하우스로 찾아가 편하게 앉아 있는 자신의 모습을 사진으로 찍습니다.

4 둘 이상이 함께 이 게임을 하는 경우, 서로에게 어울리는 이미지를 선물해줄 수도 있습니다. 예를 들어 아내에게 멋진 오픈카를 선물하고 싶다면 우선 이미지를 오려 선물하는 것입니다. 상대방이 이후 5일차 '꿈 지도 만들기'에 선물한 이미지를 사용하든 하지 않든 관계없이 이미지를 선물합니다.

5 최소 40개 이상의 이미지를 오린 후, 그중 가장 갖고 싶거나 되고 싶은 이미지 20개를 고른 후 나머지는 모두 버립니다.

6 선택한 20개의 이미지는 '꿈 지도'를 만들 때 사용할 예정이므로 잘 보관해둡니다.

어떤 물체도 형태에 변화가 오려면 상당한 에너지가 필요합니다.
하물며 당신의 삶이 성공하는 삶으로 변화하기 위해서는 당연히 엄청난 에너지가 필요하겠죠?
당신의 진지하고 적극적인 실천이 바로 변화의 에너지입니다.

기억하세요.
삶의 변화는 마치 물이 기체로 변해 증발할 때처럼 뜨겁고 요란하게 끓어야 찾아온다는 사실을!

꿈을 찾는 지도를 만들어라

꿈을 생각으로만 갖고 있을 때와 이미지로 간직할 때가 다르다는 것, 어제의 실천을 통해 느꼈나요?

당신의 꿈이 구체적이고 선명할수록 당신은 그 꿈에 가까이 다가서게 됩니다.

오늘은 이 말을 증명해주는 흥미로운 조사 결과부터 살펴보겠습니다.

미국에서는 예일대학교와 하버드대학교 학생들에게 다음과 같은 설문조사를 했습니다.

'당신은 목표가 있습니까? 있다면 목표를 기록해두었습니까?'

그 결과는 다음과 같았습니다.

	목표가 없다.	목표가 있지만 기록하지 않았다.	목표가 있고 기록하였다.
예일	67%	30%	3%
하버드	84%	13%	3%

그리고 20년 후, 똑같은 사람들을 대상으로 소득 수준과 삶에 대한 만족도를 조사했습니다.

결과는 두 대학 모두 목표를 기록한 3%의 사람이 목표를 기록하지 않은 97%의 사람보다 최소 다섯 배 이상 소득이 높았고, 삶에 대한 만족도도 높았습니다.

굉장하지요.

이 설문조사는 1950년대와 1970년대, 각각 다른 시기에 이루어졌습니다. 그런데도 그 결과가 매우 흡사했다는 사실, 놀랍지 않은가요?

아마 이 조사가 하버드나 예일 대학생이 아닌 한국의 어느 대학 학생들을 대상으로 이루어졌다 하더라도 결과는 비슷했을 것입니다.

이 조사 결과는 자신의 꿈을 시각적으로 기록하고 구체화시키는 것이 얼마나 큰 힘을 발휘하는지 알려줍니다.

오늘은 당신의 꿈을 시각적으로 더욱 구체화시키기 위한 '꿈 지도'를 만들어보겠습니다.

3, 4일차에 했던 '꿈 테이블 작성'과 '이미지 끌어당기기'에서 수집한 이미지들은 모두 '꿈 지도'를 만들기 위한 준비 과정이었습니다. 오늘은 이 두 가지를 모아 당신을 꿈으로 안내해줄 '꿈 지도'를 만들 것입니다.

√ 꿈 지도 만들기

준비물 리스트 **1** 가로 40cm, 세로 15cm 정도의 코르크판 **2** 3일차에 작성한 '꿈 테이블'
3 4일차 '이미지 끌어당기기'에서 모은 이미지 **4** 압정, 색종이, 필기도구

1 꿈 테이블의 일, 사랑, 머스트 해브 아이템에 적었던 내용을 각각 색종이에 적은 후, 적당한 사이즈로 오려 코르크판 왼쪽에 압정으로 고정시킵니다.

2 끌어당기기 게임에서 모은 이미지들 중, 코르크판 왼쪽에 붙인 꿈 테이블의 내용들을 시각적으로 도와줄 수 있는 것들을 골라 코르크판 오른쪽에 압정으로 고정시킵니다.

3 추가하고 싶은 문구, 예를 들어 '몸무게 5kg 감량' 등과 같은 내용을 자유롭게 적습니다. 단, 너무 많은 내용을 적어 복잡해지지 않도록 합니다.

4 가장 잘 보이는 곳, 예를 들어 침대 바로 옆에 코르크판을 고정시켜 틈날 때마다 바라볼 수 있도록 합니다.

5 꿈 지도를 사진으로 찍어 지갑이나 수첩에 넣어가지고 다니며 자주 꺼내 봅니다.

꿈 지도를 완성하고 그것을 바라봤을 때 어떤 느낌이 들었습니까?
꿈에 대한 확신이 생기고 마음속 깊이 뿌듯함을 느끼셨나요? 그렇다면 오늘 당신의 실천은 성공입니다.
내일은 당신의 꿈을 살아 있는 영상으로 만들어봅니다.
기대하세요.

J의 플러스 스토리 ★ '꿈 지도'의 기적

꿈 지도에 대한 제 경험은 이렇습니다. 2008년, '3030 English' 시리즈 3편을 출간한 저는 이 책이 앞서 출간한 1, 2편과 함께 분야 베스트 1, 2, 3위를 나란히 차지하는 꿈 지도를 만들었습니다. 결과는 분야 베스트 1, 2, 6위였습니다. 물론 분야 베스트 1, 2, 3위라는 꿈 지도의 내용을 100% 이룬 것은 아니지만, 이 시리즈는 좋은 성과를 거둘 수 있었고 그 분야에서 독보적인 위치를 차지할 수 있었습니다. 그렇습니다. 꿈 지도의 힘은 놀랍습니다. 제가 실천했던 것처럼 당신도 한번 실천해보세요. 당신에게도 놀라운 일이 일어날 것입니다.

J의 어드바이스 ★ 꿈은 자신이 믿는 만큼만 이루어지게 되어 있습니다. 자신조차 확신할 수 없는 꿈으로 꿈 지도를 만드는 것은 바람직하지 않습니다. 실현될 것이라 확신하는 목표로 꿈 지도를 만들고, 이후 꿈 지도를 조금씩 높게 수정해나가는 것이 더 확실하고 빠른 꿈 성취법입니다.

날마다 자신의 꿈을 상영하라

오늘 아침, 어제 만들어놓은 '꿈 지도'를 바라보았습니까?

그것만으로도 당신은 당신의 꿈에 한 발짝 가까이 다가선 것입니다.

오늘은 꿈 여행의 마지막 가이드인 '드림무비'를 만들어보겠습니다.

우선 자신의 꿈에 확신을 갖고 그것을 이미지화시켜 성공한 사람들의 이

야기부터 들어보겠습니다.

"스티븐 스필버그는 열두 살 때부터 자신이 아카데미 시상식에 참석해서

상을 타고 관객들에게 감사의 말을 전하는 광경을 간절하게 상상했다."

세계적인 감독 스필버그를 오랫동안 지켜본 동창 짐 솔린버거가 한 대중

매체와의 인터뷰에서 했던 말입니다.

"당신의 꿈을 시각화하라. 나는 백화점에 입점하기 전부터, 에스티 로더의 제품이 대형 백화점에서 어마어마한 판매고를 달성하는 모습을 생생하게 꿈꾸곤 했다. 한두 번이 아니었다. 백화점에 입점할 때마다 수천 번씩 그렇게 했다."

젊은 시절 가난하다는 핀잔을 들었던 에스티 로더가 자산 4조 원대의 화장품 회사, 에스티 로더 사의 주인이 된 후 자서전에서 했던 말입니다.

"나는 최고의 감독들이 메가폰을 쥔 온갖 장르의 영화에 출연 요청을 받고 있다."

배우로 성공해서 병든 어머니를 제대로 보살피고 싶었던 짐 캐리가 처음 할리우드에 도착해서 밤하늘을 향해 외쳤던 말입니다.

열심히 노력하면 성공한다는 공식엔 한 가지 빠진 것이 있습니다.
그것은 꿈이 이루어질 것이라는 확신입니다. 그 확신을 당신의 머릿속에 생생히 그려내는 것, 그게 바로 우리가 만들어야 할 '드림무비'입니다.
자, 이제 당신만의 '드림무비'를 만들어볼까요?

어린 시절 당신은 무한한 상상력을 동원하여 당신만의 상상 속 영화를 수도 없이 만들어봤을 것입니다.
이런 상상 속의 영화가 바로 '드림무비'입니다.

이제 우리가 해야 할 일은 자신이 영화의 주인공이 되어 영웅처럼 성공하고 승리하는 상상 속 영화를 만드는 것입니다.
당신이 원하는 대로, 자유롭게 영화를 만들어보기 바랍니다. 단, 두 가지 조건이 있습니다.
첫째, 어제 작성한 꿈 지도를 바탕으로 만들어야 합니다.
둘째, 반드시 해피엔딩이어야 합니다.
어떠세요? 전혀 어렵지 않죠?

그냥 당신이 감독과 주인공이 되어 당신만의 상상 속 영화를 만들면 됩니다.
물론 영화가 현실이 될 때까지 당신의 머릿속에서 이 영화는 계속 상영되어야 합니다.

√ 드림무비 만들기

1 피아노 연주곡 등 조용히 생각할 수 있는 음악을 들으며, 심호흡을 크게 하여 마음을 편안하게 가라앉힙니다.

2 꿈 지도를 앞에 놓고 즐거운 마음으로 꿈 지도의 내용이 이루어지는 상상을 합니다.

3 2번을 발전시켜, 자신이 주인공인 한 편의 짧은 영화를 상상합니다.

4 매우 구체적이고 선명한 영화를 만들되 대략 1~3분짜리 분량으로 합니다. 3분 이상도 가능하지만, 처음 드림무비를 만들 때는 중간에 딴 생각이 들 수도 있으니 짧지만 강렬한 영화를 만듭니다.

5 영화가 머릿속에 완전히 저장되면 드림무비 제작은 끝난 것입니다. 이때 영화의 방향이 확실히 정해지지 않아 머릿속으로 상영할 때마다 매번 달라지는 것은 좋지 않습니다.

6 완성한 드림무비는 꿈이 이루어질 때까지 많이 상영할수록 좋습니다. 최소한 아침, 저녁으로 한 번씩은 상영해야 합니다. 상상 속 영상이 매우 선명해서 마치 현실인 양 느껴질 수 있도록 반복적으로 상영하기 바랍니다.

> **J의 어드바이스 ★** 드림무비는 언제든 자신이 원하면 수정할 수 있습니다. 예를 들어 원래는 48평 아파트가 배경인데 100평짜리 단독주택으로 바꿀 수 있다는 것이지요. 단, 장난하듯이 하면 안 됩니다. 이루어진다는 확신을 가지고 진지하게 해야 합니다.

드림무비를 만들 때, 시놉시스를 작성해놓으면 훨씬 편리합니다. 드림무비 시놉시스의 예를 간단히 보여드리겠습니다.

> 작가로서 성공한 나는 방이 네 개에 근사한 작업실이 있는 빌라에 삽니다.
> 나에게는 눈매가 시원하고 현명해 보이는 아내가 있고, 아내를 닮은 예쁜 딸이 두 명 있습니다.
> 나의 차는 벤츠이고 나는 그 차를 타고 사인회와 강연회를 다니느라 365일 바쁩니다.
> 하지만 반드시 가족과 하루 세 시간 이상 식사하고 이야기를 나눕니다.
> ⋮

다 읽었습니까?
이제 오른쪽 페이지에 당신만의 드림무비 시놉시스를 직접 써봅니다.

시놉시스를 막힘없이 채울 수 있다면, 오늘 당신의 드림무비 제작은 성공입니다.
기억하세요!
당신이 '포기하기'를 선택하지 않는 한 당신의 꿈은 반드시 이루어집니다.

나 __________의 '드림무비' 시놉시스

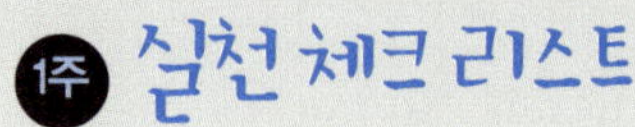

1주 실천 체크 리스트

지난 1주차 동안 당신이 해야 할 일들을 얼마나 실천했는지 확인합니다.

일차	내용	체크
1일	당신의 삶에 얼마나 만족하는지 이제 정확히 알고 있습니까?	◯
	당신에게 결핍된 것이 무엇인지 알고 있습니까?	◯
2일	Aim High 테이블에 당신의 높은 기대치가 적혔습니까?	◯
	어퍼메이션을 통해 당신도 높은 기대치를 가지고 살 수 있다는 확신이 들었나요?	◯
3일	꿈 테이블을 작성했습니까? 작성한 꿈 테이블을 1분 안에 찾아볼 수 있나요?	◯
4일	끌어당기기 게임을 통해 모은 20개의 워너비 이미지가 있습니까?	◯
5일	코르크판 위에 당신의 목표와 워너비 이미지를 압정으로 꽂은 꿈 지도가 있나요?	◯
6일	꿈 지도를 바탕으로 한 당신만의 드림무비가 머릿속에 저장되어 있습니까?	◯

1~6일 중 하나라도 되어 있지 않다면 2주차로 넘어갈 수 없습니다. 해당 부분을 먼저 실천하기 바랍니다. 이 책은 변화를 위한 최적의 순서로 구성되어 있습니다. 하나도 빠짐없이, 순서에 따라 실천해야 합니다.

지난 1주일 동안 실천하며 느낀 소감을 적어봅니다.

이제 멋진 드림무비를 한 편씩 가지고 있나요?

목표 없이 큰 성공을 이룬 사람은 단 한 사람도 없습니다.

지난 한 주 명확한 목표를 만든 당신의 작은 성과를 축하합니다.

당신만의 드림무비를 하루에 두세 번씩 잊지 말고 반복하여 상영하기 바랍니다.

드림무비를 현실처럼 상영하면 할수록 당신을 둘러싼 모든 에너지가 그 꿈을 이룰 수 있도록 큰 도움을 줄 것입니다.

자신의 모든 스타일을 바꿔라

결단하여 해야 할 일은 실행하겠다고 결심하라.
결심한 것은 반드시 실행하라.

-

벤자민 프랭크린

새해 다이어트를 결심한 K양.

그녀는 다이어트 책을 여러 권 읽습니다.

다이어트 비디오도 여러 개 봅니다.

다이어트에 성공한 사람들의 강의도 듣습니다.

그러나 그녀의 몸무게는 단 1kg도 줄어들지 않습니다.

K양의 몸무게가 줄어들지 않는 이유는
무엇일까요?

많은 사람들이 새해가 될 때마다 굳은 결심을 합니다.

다이어트를 하겠다!

일찍 일어나겠다!

금연을 하겠다!

영어 공부를 하겠다!

돈을 벌겠다!

그러나 정작 아무것도 실천하지 않습니다.

다이어트를 결심한 K양의 몸무게가 줄어들지 않은 이유를

당신은 무엇이라 생각합니까?

삶을 변화시키는 것은 '실천'이라는 에너지입니다.

살을 빼려면 운동하여 땀을 내고 식이요법으로 체내 지방을 줄여야 합니다. 다이어트에 도움이 되는 것들을 백 번 듣고 보고 읽어도 실천하지 않으면 아무 소용이 없다는 얘기지요.

우리의 삶도 마찬가지입니다.

삶을 변화시키려면 새로운 행동 패턴을 실천해나가야 합니다.

물론 이것은 쉬운 일이 아닙니다.

그러나 계속 실천하다 보면 이런 행동 패턴들은 습관이 될 것이고, 이 습관들은 결국 당신의 삶을 변화시킬 것입니다.

명심하십시오.

아무런 실천도 하지 않는 당신의 기도를 들어줄 만큼
신은 한가하지 않습니다.

활기차게 하루를 시작하라

만약 누군가 몰래 카메라를 설치해서 당신이 아침에 일어나는 모습을 촬영한다면 그 모습은 다음 보기 중 몇 번입니까?

1 "5분만 더!", "5분만 더!" 하다가 늦게 일어나 허둥대는 모습

2 알람 소리에 맞춰 겨우겨우 일어났으나 짜증스럽고 피곤한 모습

3 원하는 시간에 일어나 새날에 대한 설렘으로 가득 찬 모습

만약 당신이 3번의 모습이라면 오늘은 여기까지만 읽고 책을 덮어도 됩니다. 그러나 대부분의 사람들은 아마도 1번이나 2번을 선택했을 것입니다.

아침의 시작이 어떠냐에 따라 하루의 모습은 달라집니다. 그만큼 아침 기상 시간은 매우 중요하죠.

그런데 하루 일과 중 가장 힘든 일이 무엇이냐고 물으면, 대부분의 사람들은 '아침 기상'이라고 대답합니다. 우선 원하는 시간에 일어나는 것이 힘들고, 겨우 제 시간에 일어났다 하더라도 상쾌한 기분은커녕 피로감을 떨칠 수 없다고 합니다.

당신 역시 매일 아침 반복되는 기상 패턴 때문에 고민하고 있습니까?
그리고 이런 패턴을 바꿀 방법을 찾고 있나요?

아침에 일어나는 습관만 바꾸어도 당신의 인생은 달라집니다.
오늘은 아침에 쉽게 일어나는 법, 아침을 기분 좋게 시작하는 법을 공개합니다.
이제, 당신의 아침은 행복해질 수 있습니다.

오늘의 실천

오늘은 아래의 내용을 잘 읽어보며 내일 아침 기상을 준비하고, 내일 아침에는 기상과 동시에 반드시 실천하기 바랍니다.

√ 아침 기상 연습하기

1 잠자리에 들기 전 원하는 시간에 알람을 맞춰놓습니다.

2 다음 날 알람 소리를 듣는 동시에 바로 일어나 그 자리에 똑바로 섭니다.

3 두 다리를 어깨 넓이로 벌리고, 하늘을 향해 양팔을 V 자로 들어올려 수면 상태의 몸을 각성 상태로 만들어줍니다.

4 3의 상태에서 진심을 담아 아래의 내용을 세 번 큰 소리로 외치며 어퍼메이션합니다.

"오늘은 내 생애 최고의 날입니다!"

"오늘은 내 생애 최고의 날입니다!"

"오늘은 내 생애 최고의 날입니다!"

> **J의 어드바이스** ★ 이 실행의 핵심은 알람 소리를 듣는 동시에 똑바로 서는 것입니다. 그러나 습관을 하루아침에 바꾸기는 힘들죠. 첫날은 실행하는 데 어려움을 겪을 것입니다. 그러나 1주일만 해보면 그것이 얼마나 효과적인지 깨닫게 되고, 그러한 기상 패턴은 곧 습관이 될 것입니다.

'아침 기상 연습'을 실천한 후에는 '웃음 연습'을 합니다.

√ 웃음 연습하기

1 거울 앞에 서서 자신의 얼굴을 바라봅니다.

2 '쉽게 일어나는 법'에서처럼 다리를 어깨 넓이로 벌리고 하늘을 향해 양팔을 V자로 들어올립니다.

3 숨을 크게 들이마십니다.

4 아랫배에 힘을 모아 복식 호흡을 하듯 "아~" 묵직한 소리를 냅니다.

5 "아~" 하다가 숨이 차서 "하" 하고 숨을 멈추면 이때부터 "하! 하! 하!" 하고 큰 소리로 호탕하게 웃습니다. 즐거울 때 웃는 것처럼 정말 신나게 웃어야 합니다.

6 반드시 30초 이상 지속하여 3분 이상 연달아 웃어야 합니다. 한 번 웃을 때 30초 미만인 경우, 또 연달아 웃는 시간이 3분 미만인 경우 웃음 효과는 보장할 수 없습니다.

7 6번까지 끝낸 뒤 거울을 보며 자신의 모습을 관찰합니다. 얼굴에 화색이 돌고 행복해 보입니까? 그렇다면 성공입니다!

J의 플러스 스토리 ★ 억지 웃음의 효과

스트레스 해소, 행복감, 다이어트, 면역력 증가, 수명 연장 등, 지금까지 과학자들이 밝힌 웃음의 효과는 놀라울 정도로 많습니다. 그런데 억지 웃음도 실제 웃음과 똑같은 효과가 있다는 사실을 알고 있습니까? 우리의 뇌는 억지 웃음과 실제 웃음을 구분하지 못한다고 합니다. 그래서 억지로라도 크게 웃으면 웃는 감정이 뇌를 자극하여 우리 몸이 실제로 웃는 것과 거의 비슷한 반응을 일으킨다고 합니다. 알아두세요! '우리는 행복하기 때문에 웃는 것이 아니고 웃기 때문에 행복하다'(윌리엄 제임스)는 사실을!

멋진 오늘을 미리 체험하라

오늘 아침, '쉽게 일어나는 법'과 '웃음 연습'을 실천했습니까?

자, 그렇다면 오늘 해야 할 일은 무엇일까요?

이제 막 활기찬 하루를 시작한 당신이 해야 할 일은 바로 지난주에 만든 '드림무비'를 생생하게 상영하는 일입니다.

저 역시 아침마다 알람 소리를 듣자마자 벌떡 일어나 "오늘이 내 생에 최고의 날입니다!"라고 큰 소리로 외치고, "하! 하! 하!" 힘차게 웃은 다음 드림무비를 상영합니다.

만약 누군가 옆에서 제 모습을 지켜본다면 아마 술에 취한 사람처럼 보일 것입니다.

그런데 재미있는 사실은 꿈에 취한 사람과 술에 취한 사람에게는 한 가지 공통점이 있다는 것입니다.

그것은 바로 고통을 느낄 수 없다는 것이죠.

아침에 드림무비를 상영하면서 꿈에 취한 상태로 하루를 시작하면, 하루 종일 어떤 문제에 부딪쳐도 잘 견뎌낼 수 있습니다.

술에 취하면 술기운에 아픔을 못 느끼는 것처럼, 꿈에 취하면 언젠가 반드시 이루어질 꿈에 대한 높은 기대감으로 지금의 문제를 즐겁게 받아들일 수 있기 때문입니다.

물론 오늘 부딪친 문제 역시 긍정적으로 해결할 수 있습니다.

오늘 하루, 꿈에 취해보겠습니까?

그렇다면 실천 페이지를 따라 당신만의 멋진 드림무비를 상영하고, 드림무비에 걸맞은 멋진 오늘을 미리 체험해보기 바랍니다.

오늘의 실천

아래의 내용대로 드림무비를 상영하되, 바쁜 아침 시간이므로 5분을 넘기지 않도록 합니다.

✓ 드림무비 상영하기

1 피아노 연주곡 등 잔잔한 음악을 틀어놓습니다.
2 꿈 지도를 앞에 놓거나 꿈 지도가 걸려 있는 장소로 가서 정자세를 하고 앉습니다.
3 꿈 지도를 보며 눈을 지그시 감고 드림무비를 상영합니다.
4 드림무비 상영을 끝내고 현재 자신의 느낌을 있는 그대로 적습니다.

> 예) 정말 나의 꿈이 실현된 것 같아 기쁘다. 기분좋게 긍정적으로 오늘 하루를 살 수 있을 것 같다.

드림무비 상영 후 즐거운 느낌을 그대로 살려, 오늘 하루 일과를 미리 상상해보는 '오늘 미리 체험하기'를 합니다.

오늘 미리 체험하기는 10분을 넘지 않게 합니다.

✓ 오늘 미리 체험하기

1 먼저 오늘 미리 체험하기의 스토리를 짧게 적습니다. 스토리를 적을 때는 두 가지 점에 주의해야 합니다.

첫째, 드림무비와 같은 선상에 있어야 합니다. 예를 들어 드림무비는 멋진 아빠가 되는 것인데, 오늘 미리 체험하기에서는 '회식 후 늦은 시간에 술 냄새를 풍기며 귀가한다'라고 하면 안 되겠죠?

둘째, 스스로 믿을 수 있을 만큼의 상상을 해야 합니다. 예를 들어 자동차 세일즈맨이라면 하루에 세 건의 계약이 성사되는 상상은 바람직하겠지만, 100건이 성사되는 무리한 상상은 꿈을 이루는 데 아무 도움이 되지 않습니다.

> 예) 아침에는 운 좋게도 도로 상황이 원활하고 차가 잘 빠진다. 회사에 일찍 도착해 회사 동료들과 가벼운 아침인사를 주고받는다. 즐거운 마음으로 책상에 앉아서 사무를 본다. 점심 이후 오래전부터 준비 중이던 계약을 성공적으로 체결한다. 계약을 성사시켰다고 상사가 나를 불러 칭찬한다. 즐거운 마음으로 일찍 퇴근하여 아내와 맛있는 식사를 하고 설거지는 내가 콧노래를 부르며 한다. 10시쯤 행복한 마음으로 잠자리에 든다.

2 준비한 스토리대로 오늘 미리 체험하기를 머릿속으로 상영합니다.

오늘의 Do List를 작성하라

오늘 아침, 당신의 '드림무비'에 따른 '오늘 미리 체험하기'를 상영해보았습니까? 물론 '쉽게 일어나는 법'과 '웃음 연습'도 실천했겠지요. 이 새로운 실천을 하는 데 걸리는 시간은 다 합해야 10분이 채 안 되었을 것입니다.

아침에 단 10분!

이것만으로도 하루를 변화시키고 인생을 변화시킬 긍정적인 일들을 할 수 있습니다.

오늘은 오늘의 할 일을 구체적으로 계획하고 적어보는 'Do LIST' 작성 시간을 갖겠습니다.

1분 1초를 다투며 살아가는 현대 사회에서 유능한 멀티 플레이어가 되려면 반드시 메모하는 습관이 필요합니다.

성공 신화를 창조한 리더들의 공통점은 자신만의 시간 관리 전략을 가지고 있다는 것입니다. 그리고 그들 중에는 '메모광'이 많습니다.

온라인 교육 대표 기업 메가스터디의 손주은 회장 역시 하루 일과를 일일이 메모하여 일의 효율성을 높인다고 합니다.

그는 하루 계획을 위해 출근 전 5분만이라도 할애하라고 말합니다. 학생들에게는 아예 '하루 과제를 쓴 포스트잇을 손에 붙이고 다니라'는 조언을 한다고 합니다(《CEO의 하루경영》 참조). 하루를 자기 손 안에 움켜쥐라는 말이지요.

오늘 해야 할 일은 꼭 해내고 싶습니까?

그렇다면 지금 바로 오늘 할 일의 목록을 떠올려보세요.

이제 Do List를 작성하겠습니다.

'Do List' 작성은 성공한 하루를 살기 위해 꼭 필요한 작업입니다.
오늘 할 일을 꼼꼼히 적어 체크해나가면 하루를 완벽하게 쓸 수 있고, 머리를 비운 덕분에 정신이 더욱 맑아져 창의력은 높아지게 되니까요.
단 5분을 할애하는 것만으로 말이지요.

Do List 작성은 아주 간단하고 쉬운 일입니다. 당신이 오늘 해야 할 일들의 목록을 적기만 하면 되니까요.
오른쪽 페이지의 'Do List 작성법'에 따라 당신의 드림무비를 실현시킬 하루 일과를 기록해보세요.

√ Do List 작성하기

1 오늘 꼭 해야 할 일을 순서대로 적습니다. 자유로운 형식으로 적되, 다음 두 가지 사항에 유의해야 합니다.

첫째, 그 일이 드림무비를 현실화시키는 데 방해가 되어서는 안 됩니다.

둘째, 너무 세세하고 당연한 것들은 넣지 않습니다. 예를 들어 '점심 먹기'나 '책상 정리' 같은 것은 빼놓아도 상관없겠지요?

2 대략 5~10개의 목록으로 시작해 차츰 리스트를 늘려가는 것이 좋습니다. 처음부터 너무 무리하게 리스트를 짜 목표 달성에 실패한다면, 그만큼 좌절하고 포기할 가능성이 높으니까요.

3 대부분의 리스트는 수행 난이도가 약간 높은 것들로 작성하되, 쉬우면서 즐거움을 주는 일도 한두 가지 넣습니다. 예를 들어 '오전에 Do List를 잘 실행했으면 점심식사 후 디저트로 치즈 케이크 먹기'도 괜찮겠지요?

4 이렇게 작성한 Do List를 가지고 다니며 수시로 꺼내 보고 실천에 옮깁니다.

5 잠자리에 들기 전 Do List를 확인하며 하루 일과를 평가해봅니다.

나만의 Do List

★ 오늘의 Do List는 워밍업으로 이곳에 적고, 내일부터는 매일 아침 포스트잇에 적도록 합니다.

1

2

3

4

5

6

7

8

9

10

처음 작성한 Do List가 마음에 들었습니까? 바로 그 Do List대로 하루를 살아보세요. 잠들기 전 당신은 새로운 삶으로 전진하고 있음을 느낄 것입니다.

Do List에 따라 사는 하루 하루가 모여 한 달이 되고, 1년 그리고 2년이 되면 어느 날 정상에 이른 자신의 모습을 발견하게 될 것입니다.

끌리는 이미지를 만들어라

오늘 아침 잊지 않고 'Do List'를 작성했나요?

Do List 작성 시간이 즐거웠다면, 당신은 분명히 어제 첫 Do List를 성실히 수행했을 겁니다.

오늘부터 사흘간은 성공하기 위해 꼭 필요한 이미지, 매력적이고 멋진 이미지를 만드는 연습을 해보도록 하겠습니다.

먼저 우리나라 최고의 MC로서 활약하고 있는 한 개그맨의 이야기부터 시작합니다.

어느 날 저는 우연한 계기로 그를 만난 적이 있습니다.

직접 만나보니 그는 TV에서 보는 것보다 훨씬 더 호감 가는 사람이었습니다.

같은 남자가 봐도 '참 매력적이다'라는 생각이 들 정도였으니까요.

'어떻게 방송을 통해 보는 모습보다 실물이 더 멋있을까' 궁금해 유심히 그를 관찰해보았습니다.

깔끔한 옷차림, 당찬 걸음걸이와 매끄러운 제스처, 그리고 간간이 보여주는 해맑은 미소, 이런 이미지들이 어울려 그의 매력을 만들어내는 것 같았습니다.

그와 이런저런 대화를 나누다가 재미있는 얘기를 들을 수 있었습니다.

"제가 처음 개그맨을 할 때 월급이 50만 원이었어요. 그런데 당시 개그맨들 중에 그 월급으로 스타일리스트를 고용한 사람은 아마 저밖에 없었을 거예요. 스타일리스트 월급이 70만 원이었거든요. 월급으로 50만 원 받아서 70만 원을 코디에게 줬으니 완전히 적자였죠. 선배 개그맨들 중에는 이상한 눈초리로 저를 쳐다보는 분들도 있었어요. 50만 원짜리 애송이 개그맨이 70만 원짜리 스타일리스트를 쓴다니 그 선배들의 눈에는 어이없는 모습으로 보일 수 있었겠죠."

신선했습니다.

그렇게 오랜 세월 동안 자신의 이미지를 관리했기에 오늘날의 그가 있을 수 있었구나, 싶었지요.

지금이야 개그맨들이 MC계를 주름잡고 있지만, MC가 개그맨들에게 전

혀 다른 세계의 일이던 시절에 자신만의 세련된 이미지를 구축하고 있었
으니 그는 앞서가는 사람이었던 것입니다.

그가 누구인지 짐작했나요?

그렇습니다.

그는 바로 MC 겸 개그맨 신동엽입니다.

사람이 누군가를 처음 만나서 그를 평가하기까지는 4분이 채 걸리지 않
는다고 합니다. 심지어 단 2초밖에 걸리지 않는다고 하는 사람도 있습
니다.

그만큼 첫인상이 중요하다는 말이겠지요.

한 사람의 첫인상은 그의 생김새와 옷차림, 표정, 말투, 행동으로 형성됩
니다. 특히 요즘은 외모가 그 사람의 인상을 결정짓는 가장 중요한 요소
로 얘기되는 경우가 많습니다.

지금 당신의 외모는 어떻습니까?

첫 만남에 상대방을 매료시킬 수 있는 외모인가요?

당신의 적들마저 당신 편으로 만들 수 있는 매력적인 외모인가요?

당신이 이루고 싶은 성공과 부(富), 행복과 어울리는 외모인가요?

아니라고 생각해도 실망할 필요는 없습니다.

전혀 다른 얼굴이 될 수는 없어도 얼마든지 매력적인 이미지는 만들 수

있으니까요.

당신은 어떤 모습으로 바뀌고 싶습니까?
오늘은 당신이 원하는 이미지를 찾도록 합니다.

오늘의 실천은 매우 흥미롭습니다.

호감형 외모의 소유자들을 찾아 그들을 관찰하고, 관찰한 내용을 바탕으로 자신이 원하는 드림 이미지를 만들어보는 것입니다.

가장 중요한 준비물은 멋진 사람들을 세심하게 관찰할 수 있는 날카로운 눈이겠지요.

✓ 끌리는 외모 관찰하기

1 성공한 사람들이 많이 가는 장소를 택해 그곳을 방문합니다. 당신의 꿈에 따라 일류 호텔이나 고급 레스토랑, 국제회의장이나 시상식장, 리셉션 장 등이 될 수 있겠지요.

2 그곳에서 성공의 느낌을 주거나 매력적으로 보이는 사람들을 주의 깊게 관찰합니다. 그들의 옷차림, 헤어스타일, 표정, 걸음걸이, 제스처, 말투, 목소리, 습관적인 몸짓 등 사소한 것들까지 관찰해야 합니다.

3 관찰한 사람들의 외모와 특징 그리고 그들과 당신의 차이점을 느낀 대로 관찰일지에 적습니다.

끌리는 외모 관찰일지

대상	특징(외모)	나와의 차이점
예) 사업가로 보이는 남자	예) 깔끔한 양복에 신발은 검정색 가죽 로퍼. 반짝반짝 광이 난다. 헤어스타일은 매우 단정하다. 카리스마 넘치는 2대 8 가르마.	예) 구두는 먼지투성이에 양복도 항상 구겨져 있다. 이마로 쏟아져내리는 촌스런 헤어스타일.

J의 어드바이스 ★ 끌리는 인물을 관찰할 때 옷차림, 헤어스타일 등 시각적인 외모뿐 아니라 그에게서 풍겨나오는 이미지를 관찰해보십시오. 표정과 자세가 얼마나 당당하고 상대방을 압도하는가. 멋진 외모를 완성시키는 것은 바로 자신감입니다. 똑같은 옷, 헤어스타일이라도 자신감이 있는 사람이 더 빛나 보이기 마련이죠.

성공한 사람들의 외모는 한 가지 분명한 공통점이 있습니다. 말끔하든 털털하든 특이하든, 모두가 매력적이라는 것이죠.

그렇다면 어떻게 매력적인 모습을 만들 수 있을까요?

그 방법은 '드림무비'에서 찾아낼 수 있습니다.

지금 이 시간, 매력적인 외모를 갖기 위한 당신의 드림 이미지를 만들어 보세요.

✓ 드림 이미지 만들기

1 드림무비를 다시 머릿속에 상영합니다.

2 드림무비 속의 당신과 가장 비슷한 성공을 거둔 사람 한 명을 당신의 역할 모델로 정합니다.
  예) CEO 안철수, 교수 겸 전직 아나운서 손석희

3 그 역할 모델이 나오는 영상물이나 이미지를 보며 관찰합니다.

4 이제는 자신이 원하는 드림무비 속 이미지를 연상하며 상상 속에서 자신만의 드림 이미지를 구축합니다.

5 이렇게 구축한 드림 이미지를 글로 적습니다.

드림 이미지 적기

예) 항상 자신 있어 보이는 사업가 김지완. 눈빛은 반짝거리며 확신으로 가득 차 있다. 옷과 구두는 단정하며 사치스러워 보이지도, 값싸 보이지도 않는다. 누가 봐도 당당한 걸음걸이와 자연스러운 미소 그리고 나태해 보이지 않는 생기 가득한 외모의 소유자. 단 한 번의 만남으로도 호감을 불러일으킬 수 있는 멋진 사람, 바로 나 김지완.

J의 어드바이스 ★ 이미지는 경쟁력입니다. 성공한 사람들의 이미지는 물론 호감형의 긍정적인 이미지겠지요. 어디서나 이미지가 좋아야 점수를 얻을 수 있습니다. 겉으로 드러나는 이미지와 내면에서 형성돼 나오는 이미지, 둘 다 중요합니다. 입 모양 하나만으로 첫인상이 180도 달라질 수 있고, 패션에 작은 변화를 주는 것만으로도 다른 느낌을 줄 수 있습니다. 당당히 어깨를 펴고 자신 있게 이야기하는 모습만으로 그의 가치는 상승합니다. 당신의 드림 이미지, 마음만 먹으면 얼마든지 만들 수 있습니다.

스마일 라인과 당당한 걸음을 연습하라

어제 당신이 만든 '드림 이미지'가 머릿속에 잘 간직되어 있습니까?

오늘은 당신을 보다 매력적으로 만들어줄 두 가지 기술을 연습해보겠습니다.

우선 다음 세 인물을 떠올려보세요.

제40회 슈퍼볼 최우수 선수, 4년 연속 1,000야드 캐치 기록, 연봉 63억의 세계적인 미식축구 선수 하인즈 워드.

브리티시 여자 오픈 최연소 우승, US LPGA를 주 무대로 삼지 않고도 세계 톱 10에 이름을 올린 유일한 프로골퍼 신지애.

2006년 제15회 아시안 게임 금메달 3관왕, 2008년 베이징 올림픽에서 아시아 선수 최초로 자유형 금메달을 획득한 스포츠 스타 박태환.

이들의 공통점은 무엇일까요? 네, 미소, 백만 불짜리 미소입니다.
미소는 긍정적인 사고에 따라오는 값비싼 액세서리와 같습니다. 행운을 불러들이는 귀한 미소이지요.

미소와 함께 성공하기 위해 반드시 필요한 기술은 당당한 걸음입니다.
걸음걸이가 성공과 무슨 관계가 있느냐고요?
자신감과 에너지는 걸음걸이를 통해 나타납니다. 성공한 사람들이 걷는 모습을 잘 살펴보세요. 패잔병처럼 걷는 사람이 있습니까? 발뒤축을 직직 끌며 마지못해 걷는 사람이 있나요?

대기업의 신입사원 채용 때 면접관들은 지원자가 문을 열고 걸어 들어오는 모습부터 살펴본다고 합니다. 자신 있고 당당하게 걸어 들어오느냐, 주눅이 든 것처럼 쭈뼛거리며 들어오느냐를 관찰한다는 것입니다. 그만큼 걸음걸이가 중요하다는 얘기지요.

지금, 거울을 보고 입술에 매력적인 스마일 라인을 만들어보세요. 그리고 당당하게 걸어보세요. 당신이 만든 드림 이미지에 성큼 다가가 있을 것입니다.

<h1 style="text-align:center">오늘의 실천</h1>

√ 스마일 라인 연습하기

1 미소가 아름다운 유명인사의 사진을 구해 자주 사용하는 거울에 붙입니다. 사진은 클수록 좋습니다.

2 거울을 볼 때마다 사진 속 주인공의 미소를 닮은 자신만의 멋진 미소를 연출해봅니다. 미소가 자연스러워질 때까지, 하루에 최소 1분 이상 연습하세요.

3 연습을 통해 어느 정도 익숙해지면 주변 사람들에게 과감히 미소를 지어보십시오. 틀림없이 기대 이상의 호응을 얻을 것입니다.

> **J의 어드바이스** ★ 미소 같은 것, 닭살 돋아 못 하겠다며 포기할 마음을 먹은 건 아닌가요? 그렇다면 당신은 변화할 마음이 없는 사람입니다. 어색해도 계속 하십시오. 연습을 거듭할수록 미소가 자연스러워질 것입니다. 드림 이미지는 그냥 만들어지지 않습니다. 연습하십시오. 편히 앉아서 변화되길 바라는 것은 아니겠지요?

✓ 당당한 걸음 연습하기

1 4일차 '드림 이미지 만들기' 때의 역할 모델이 나오는 동영상을 찾습니다. 그의 걷는 모습이 담긴 동영상을 찾을 수 없다면, 그와 비슷한 위치에 이른 다른 사람의 동영상을 찾습니다.

2 동영상에 나오는 역할 모델의 걸음걸이를 양쪽 발이 이루는 모양에서부터 상체의 움직임까지 세심히 관찰합니다.

3 출 · 퇴근 등 도보로 이동할 때, 역할 모델처럼 당당하고 멋지게 걷는 연습을 해보십시오. 마치 당신이 역할 모델이 된 것처럼 말이지요.

4 마음에 들지 않는 부분이 있다면 집에 돌아와 역할 모델의 동영상을 다시 한 번 관찰해보세요. 그리고 거울을 보며 자신의 워킹을 교정합니다.

보통 자신감 있는 걸음걸이는 허리를 곧추세우고 팔을 앞뒤로 자연스럽게 흔들며 당당하게 걷는 것입니다. 어려울 게 없지요.

문제는 이전의 보행 습관을 고치는 일입니다. 스마일 라인과 마찬가지로 연습이 필요하다는 얘기입니다.

성공한 사람이 되기로 결심했나요?

스마일 라인과 당당한 걸음, 당신의 것이 될 때까지 연습하고 또 연습하세요.

스타일 변신에 투자하라

스마일 라인과 당당한 걸음. 오늘도 연습했나요?
성공한 사람이 되고 싶다면 거울 앞을 그냥 지나치지 마세요.

오늘은 드림 이미지에 맞는 '메이크오버(Makeover)'에 도전할 차례입니다.
물론 케이블 채널의 외모 가꾸기 리얼리티 쇼처럼 각 분야의 전문가들을 동원해 대대적인 변신을 하는 것은 아닙니다.
스스로의 실천 의지와 센스만으로도 가능한 '셀프 메이크오버'를 해보는 것이지요.
오늘 하루 이 책을 따라 당신의 스타일을 매력 만점으로 바꿔보세요.

커다란 꽃무늬가 돋보이는 오렌지색의 대담하고 화려한 정장, 한눈에 이목을 끄는 강렬하고 짙은 화장. 매일매일 파티에 가는 것처럼 이렇게 자신을 소중하게 꾸미고 출근하는 사람이 있습니다. 미국의 100대 유망 기업을 이끌며 힐러리 클린턴 같은 최고의 인물들과 교류하는 거물이기도 하지요.

네, 실리콘밸리의 작은 거인 김태연 회장입니다. 그녀의 과감한 옷차림과 화장은 키 150cm의 동양 여자가 백인 사회에서 엑스트라가 아닌 주인공이 되기 위한 전략이었다고 합니다. 놀랍지 않나요?

출근하기 전 당신은 어떠한 마음가짐으로 옷을 입고 머리 손질을 합니까? 하루하루를 특별한 날이라 생각하며 자신의 이미지를 소중하게 가꾸고 있나요?

우선 다음 두 가지만 체크해보세요.

당신은 평소 어디에서 헤어스타일을 관리합니까?

마지막으로 옷을 산 것이 언제이지요?

헤어스타일과 옷차림은 당신의 이미지를 만드는 매우 중요한 요소입니다. 스타일 하나로 이미지를 좋게도, 나쁘게도 만들 수 있으니까요.

마음만 먹으면 얼마든지 당신이 원하는 드림 이미지를 만들 수 있습니다.

'셀프 메이크오버'로 말이지요.

둘째 주 4일차에 구축한 당신의 드림 이미지에 따라 '셀프 메이크오버'를 해보겠습니다. 혹시 집에 패션 잡지가 있다면 준비해두세요.

✓ 셀프 메이크오버 시도하기

1 인터넷이나 잡지에서 성공한 모습으로 보이며 동시에 당신에게 가장 잘 어울릴 듯한 이미지로 보이는 사람의 헤어스타일을 두세 가지 고르고, 컬러 인쇄를 하거나 가위로 잘 잘라냅니다.

2 역시 성공한 모습으로 보이며 동시에 당신에게 가장 잘 어울릴 듯한 이미지의 옷차림 두세 가지를 골라 인쇄하거나 가위로 잘라냅니다.

3 선택한 이미지를 들고 최고의 실력을 갖춘 미용실을 찾아갑니다. 그동안 아무 생각 없이 다니던 미용실이 아니라 정말 머리를 잘하기로 소문난 미용실이어야 합니다.

4 들고 간 이미지들을 헤어디자이너에게 보여주고, 그중 당신에게 가장 잘 어울리는 머리를 선택해 그 모습을 만들어달라고 합니다. 필요하다면 파마를 할 수도 있겠지요.

5 머리가 완성되었으면 집에서도 직접 스타일링을 할 수 있도록 손질법을 자세히 배워놓습니다.

6 이제 달라진 헤어스타일 그대로 옷을 사러 갑니다. 준비해간 이미지 사진을 보며 비슷한 스타일의 옷을 찾아다닙니다. 점원에게 이미지를 보여주고 도움을 청해도 좋겠지요.

7 마음에 드는 패션 아이템을 찾았으면 옷값을 지불하고 아예 그 자리에서 입고 나옵니다.

8 절친한 지인들을 불러내 당신의 변화된 모습을 보여주고 냉정한 평가를 들어봅니다.

마음에 드는 헤어스타일과 옷차림을 하고 미소를 지으며 자신감 있게 걷는 당신, 이런 당신에게 매력을 느끼지 못할 사람이 있을까요?

드림 이미지와 똑같이 변신한 미래의 당신 모습을 떠올리며 즐겁게 셀프 메이크오버하기 바랍니다. 한층 업그레이드된 이미지가 당신을 매력적인 사람으로 만들어줄 것입니다.

오늘 당장 셀프 메이크오버를 하는 게 어렵다면, 계획을 세우고 일주일 내에 실행에 옮겨보세요.

J의 플러스 스토리 ★ 자신의 브랜드 가치를 높이는 이미지 메이킹

국내의 이미지컨설팅 업체인 장이미지센터에서 실시한 설문조사에 따르면, 사람들은 수시로 자신의 이미지를 변화시키고 싶어 하며 내적인 이미지보다는 외적인 이미지 변화 욕구가 강하다고 합니다. 이미지 변화가 필요할 때 패션은 33%, 헤어스타일 23%, 자세나 걸음걸이 8%로, 외적인 변화 욕구가 무려 64%를 차지하고 있습니다. 대화나 성격, 매너 등을 합친 것(36%)의 두 배 가까운 수치입니다. 이렇듯 사람들은 언제나 최상의 이미지를 만들고 싶어 하고, 자신의 브랜드 가치를 위한 외적인 이미지 메이킹에 많은 노력을 기울입니다. 보다 나은 모습으로의 변신은 치열한 경쟁 시대에 꼭 필요한 조건이기 때문 아닐까요?

셀프 메이크오버 계획 짜기

셀프 메이크오버 실행 날짜	월 일
셀프 메이크오버에 동행할 사람 (없어도 상관없음)	
헤어스타일링 할 미용실	
옷을 둘러보고 쇼핑할 장소	
기타 계획	예) 가방이나 구두, 액세서리 등의 코디를 위한 계획 등.

J의 어드바이스 ★ 당신의 갑작스런 변신에 주변 사람들은 대부분 칭찬과 격려를 보낼 것입니다. 하지만 때로는 장난을 치며 비웃거나 마음에 들어하지 않는 사람이 있을지도 모릅니다. 첫술에 배부를 수 없고, 모든 사람들 만족시킬 수는 없겠죠? 신경 쓰지 마세요! 변화를 위해 노력하는 당신이 아무런 노력 없이 비웃는 그들보다 몇 배는 더 빨리 꿈을 향해 달려가고 있으니까요.

2주 실천 체크 리스트

지난 2주차 동안 당신이 해야 할 일들을 얼마나 실천했는지 확인합니다.

일차	내용	체크
1일	아침에 즐거운 마음으로 어퍼메이션을 하고 있습니까?	○
	기분이 나쁘거나 우울할 때 억지로라도 호탕하게 웃으려고 노력합니까?	○
2일	매일 아침 드림무비 상영과 오늘 미리 체험하기를 빼먹지 않고 합니까?	○
3일	당신 지갑 속에 오늘 아침 작성한 Do List가 들어 있습니까?	○
	Do List의 목록들을 하나하나 실천하며 지워나갑니까?	○
4일	성공한 사람들의 외모를 직접 관찰하고 그와 닮은 드림 이미지를 구축했습니까?	○
5일	스마일 라인과 당당한 걸음을 매일 1분 이상 연습합니까?	○
6일	당신의 드림 이미지를 완성할 셀프 메이크오버를 했습니까?	○

1~6일 중 하나라도 되어 있지 않다면 3주차로 넘어갈 수 없습니다. 해당 부분을 먼저 실천하기 바랍니다. 이 책은 변화를 위한 최적의 순서로 구성되어 있습니다. 하나도 빠짐없이, 순서에 따라 실천해야 합니다.

지난 1주일 동안 실천하며 느낀 소감을 적어봅니다.

이번 주엔 활기찬 하루를 시작하는 기술과 자신만의 성공한 이미지를 만드는 방법을 배우고 실천해보았습니다. 이 모든 실천들은 1주차에 제작한 '드림무비' 실현의 베이스가 되는 일들입니다.

하루의 멋진 시작을 할 수 있게 된 당신, 미소를 지으며 자신감 있게 걸을 수 있는 당신, 가장 매력적인 스타일을 갖춘 당신은 성공에 한층 더 가까워졌습니다.

성공은 결코 먼 곳에 있지 않습니다.

3_주

감사, 긍정, 칭찬으로 무장하라

긍정적인 마인드는 그 어떤 명약보다 놀라운 기적을
일으킬 것이다.

–

파트리샤 닐

가난했고, 성폭행 피해자였고, 미혼모였고,
뚱뚱했고, 마약중독자였던 흑인 소녀.

희망이란 전혀 보일 것 같지 않았던 이 소녀는
전 세계의 시청자를 사로잡는 토크쇼의 진행자로,
방송, 영화, 출판을 아우르는 종합 미디어그룹 하포 엔터테인먼트 대표로,
미국의 영향력 있는 여성 리더로 극적인 인생 반전에 성공합니다.

그렇습니다.
그녀는 바로 너무나도 유명한 오프라 윈프리입니다.
그녀의 이름은 이미 우리에게 희망의 대명사가 되었고
그녀의 삶은 이미 우리에게 위대한 기적을 알려주었습니다.

그녀의 인생을 기적으로 만든 것은 무엇일까요?
그것은 다름 아닌 '감사'였습니다.

그녀는 지난 20년 동안 진행자로, 사업가로 늘 정신없이 살면서도 항상
자신의 삶에 대한 감사를 잊지 않았습니다.

그녀는 날마다 아주 소소한 일에도 감사해하는 감사 일기
를 썼죠.

눈부신 하늘을 보게 해주셔서 감사합니다!
맛있는 스파게티를 먹게 해주셔서 감사합니다!
편안한 잠자리를 주셔서 감사합니다!

대부분의 사람들이 너무나 당연하게 여기는 것들을,
심지어 불행하다고 여기는 것들을
그녀는 오히려 '감사'할 것들로 바꾸어놓았습니다.

그녀의 작지만 놀라운 이 '감사'는 스스로에게 행복을 가져다주었고
주위 사람들을 행복하게 만들었으며
그녀의 인생을 180도 바꾸어놓았습니다.

그녀의 삶을 바꾼 것은 부모도 학력도 돈도 아닌
그녀의 마음이었던 것입니다.

기대하십시오.
이번 주는 오프라 윈프리가 경험했던 그 놀라운 감사의 힘을
당신이 경험하게 될 것입니다.
그리고 감사가 가져다주는
긍정과 칭찬의 힘을 함께 깨닫게 될 것입니다.

감사의 힘을 믿어라

"어떻게 성공하셨어요?"

성공한 사람들은 대부분 이 질문에 이렇게 대답합니다.

"운이 좋았던 것 같아요."

그런데 이 말은 노력 없이 엄청난 행운을 거머쥐었다는 말이 아니라, 열심히 노력도 했지만 주변 사람들의 도움이 더 컸다는 얘기겠지요.

겸손한 표현일 수도 있으나 그 말은 어느 정도 사실입니다. 최선의 노력을 하는 사람들은 수두룩하지만 누군가에게 결정적인 도움을 얻는 경우는 흔치 않으니까요.

두 농부의 이야기를 들려드리겠습니다.

봄이 되자 한국의 농부와 미국의 농부는 밭에 나가 열심히 씨앗을 뿌리고 물을 주고 정성껏 농작물을 돌봅니다.

가을이 되어 수확할 때가 되자, 한국의 농부는 웃고 미국의 농부는 웁니다. 한국의 농부는 엄청난 풍작을 거두었고, 미국의 농부는 그만 농사를 망쳐버리고 말았기 때문입니다.

똑같이 노력했는데 어찌된 일일까요?

한국의 경우 적당한 햇빛과 강수량과 기온이 큰 도움이 되었고, 미국의 경우 극심한 가뭄으로 피해를 입은 것입니다.

눈치 챘나요?

성공하기 위해서는 자신의 노력 외에 어떤 방식으로든 도움이 필요합니다.

농부가 "나 올해 농사 참 잘했다"라고 말하는 것 들어봤습니까?

"올해 농사 참 잘됐다"라고 말하지요.

성공한 사람들 역시 "내가 잘나서 성공했어"라고 말하지 않습니다. "나 운이 좋았어" 혹은 "저를 믿고 지지해주신 분들 덕분이죠"라고 말합니다. 자신이 받은 도움에 대해 감사할 줄 아는 것입니다.

오늘은 늘 감사하는 마음으로 사는 방법에 대해 이야기합니다. 실천에 들어가기 전, 당신의 마음을 따스하게 덥혀놓으세요.

오늘의 실천

아래의 감사 목록에 감사할 일들을 적어보십시오.

떠오르는 대로, 최소한 10개 이상 써보세요.

√ 감사 목록 만들기

감사하는 일	감사의 대상
예1) 부모님께서 대학까지 보내주실 수 있는 가정에 태어난 것에 감사한다. 예2) 배울 점이 많은 친구들이 있음에 감사한다.	예1) 부모님, 하나님 예2) 친구 O와 P

왼쪽 페이지에 작성한 감사 리스트를 읽어보십시오.

그들에 대한 고마움이 가슴에서부터 차오르는 게 느껴집니까?

혹시 감사 목록을 작성하는 데 애를 먹었다면 당신은 '감사'를 너무 거창하게 생각하고 있을지 모릅니다. 그 대상을 필요 이상 먼 곳에서 찾고 있을지도 모르지요.

마음의 빗장을 열고 오감을 열어보세요. 그리고 당신을 편안하고 기분 좋게 하는 것들을 자연스럽게 떠올려보세요.

화창한 날씨에 가벼운 점심 산책을 한 일이 감사하지 않나요?

부모님이 건강하신 것이 감사하지 않나요?

딸아이가 예쁘게 커주고 있는 게 감사하지 않나요?

분위기 좋은 카페에서 맛있는 커피를 마실 수 있다는 것이 감사하지 않나요?

같이 영화를 보자고 문자를 날릴 친구가 있어 감사하지 않나요?

감사할 일들은 우리 가까이, 찾기 쉬운 곳곳에 숨어 있습니다. 그리고 매일 새롭게 생겨납니다.

J의 어드바이스 ★ 아직도 감사할 일이 없다고 생각하시는 분들을 위해 책 두 권을 소개합니다. 최악의 조건 속에서도 행복한 삶을 살고 있는 두 주인공에게서 감사하는 마음을 배울 수 있을 것입니다.
《지선아 사랑해》/《오체 불만족》

날마다 '고맙습니다'라고 말하라

세계 최연소 추기경이자 한국 최초의 추기경이었던 고 김수환 추기경.
87세의 나이로 선종한 김 추기경은 '사랑의 기적'을 남기고 천국으로 가셨습니다. 각막 기증으로 마지막까지 사랑을 실천한 그분의 뜻을 따라, 평소의 30배가 넘는 사람들이 장기 기증 신청을 했다고 합니다.
사람들에게 늘 '고맙다'는 말을 했고, 영면에 드는 순간까지도 '고맙다'는 말을 남기셨다는 그분의 말씀이 큰 울림으로 와닿습니다.

"고맙습니다. 서로 사랑하세요."

사회의 각 분야에서 빛과 소금의 역할을 하는 사람들에겐 공통된 습관이 있습니다.

바로 '고맙다', '감사하다'는 말을 자주 한다는 것입니다.
물론 진심을 담아서 말이지요.

잠시 생각해볼까요?
당신은 배우자에게 마지막으로 고맙다는 말을 한 게 언제입니까?
당신의 직장 동료와 상사, 친구들에게 마지막으로 고맙다는 말을 한 게
언제입니까?
당신의 부모님께 마지막으로 감사하다는 말씀을 드려본 적이 언제입
니까?

먼저 당신과 가까운 곳에 있는 사람에게 말해보세요.

"감사합니다."
"고마워요."

한 번 시작하면 감사해야 할 사람들은 점점 많아집니다. 그리고 그들은
기꺼이 당신 편에 서 있게 됩니다.

오늘의 실천

오늘은 주변 사람들에게 감사의 마음을 직접 표현해보는 시간을 갖겠습니다.

직접 말하는 것이 쑥스럽다고요?

설마 평생을 마음속으로만 감사하며 살아갈 생각은 아니겠지요.

당신은 실천하기 위해 이 책을 선택했습니다.

감사한 마음을 가장 잘 전하는 방법은 '감사하다'고 말하는 것입니다.

감사하다는 말을 많이 할수록 좋은 결과는 더 많이 생기지요.

감사하다고 생각하는 모든 이들에게 습관처럼 말하세요.

"고맙습니다."

"감사합니다."

성공한 많은 사람들도 그랬습니다.

먼저 '감사 테이블'을 작성한 뒤, 주변 사람들에게 직접 감사의 마음을 전해보겠습니다.

✓ 감사 테이블 작성하기

1 자신과 가장 친하고 가까운 사람, 혹은 친해지고 싶은 사람 세 명을 선택합니다.

2 아래의 감사 테이블에 각 사람들에게 감사할 내용들을 자세히 적어봅니다. 사소하고 작은 것까지 하나하나 다 적습니다.

감사할 대상	감사하는 내용
예) 아내	건강하고 똑똑한 아들을 낳아줘서 정말 고맙다. 경제 위기 이후로 어려움이 많은데 항상 옆에서 날 지켜봐주고 격려해줘서 고맙다. 오늘 아침 내가 좋아하는 고등어구이를 해줘서 고맙다.

3 감사 테이블 작성이 끝나면 감사의 대상을 만나, 얼굴을 보며 진지하게 감사를 표현합니다. 예를 들어 귀가 후 아내를 만나면 "많이 힘들 텐데 믿고 사랑해줘서 고마워"라고 말합니다. 혹시 상대방이 당신의 갑작스러운 변화에 놀라면 이렇게 말하십시오. 이제부터 감사하며 살기로 결심했다고.

4 감사 테이블에 있는 세 명 모두에게 감사를 표현한 후 느낀 점을 적어봅니다.

감사 실천 후 감상

느낀 점

예) 고맙다는 말을 1분 정도 했을까. 아내의 눈이 촉촉하게 젖었다. 그런 아내의 모습을 보자 나도 콧잔등이 시큰해졌고, 우리는 서로를 꼭 안아주었다. 아내도 나에게 경제적으로 어려운데 포기하지 않고 가정을 지켜줘서 고맙다고 말했다. 아내가 정말 고맙고 사랑스럽게 느껴진다.

감사하는 말만으로도 질적 · 양적으로 풍부한 인간관계를 맺을 수 있습니다.

불만투성이였던 삶이 활기차고 의욕으로 가득 차게 됩니다.

감사의 힘은 당신이 상상하는 것 이상입니다.

더 늦기 전에 말하십시오.

"고마워."
"감사합니다."

습관처럼 자주 하십시오.

그 말에 싫증을 느낄 사람은 없습니다.

당신의 안내자 김지완이 당신에게 말합니다.

"당신의 삶이 바뀌고 있어 감사합니다."

J의 어드바이스 ★ 감사 표현에는 감사의 말 외에 또 한 가지 방법이 있습니다. 편지를 쓰는 것이지요. 짧은 메모도 좋습니다. 직장 동료의 책상 위에 감사의 마음을 표현한 메모를 살짝 올려놓아 보십시오. '새로운 아이디어 고마워요. 최고였어요.' 거래처 사람에게 서류를 건넬 때, 진심어린 고마움의 메시지를 포스트잇에 써 붙여보세요. '도와주셔서 언제나 감사합니다.' 사랑을 제대로 표현해 본 적 없는 부모님께 편지를 써 보내십시오. 감사의 마음을 담은 메모와 편지의 효과는 바로 나타날 것입니다.

감사의 힘을 확신하며 적어라

어제와 오늘 당신은 몇 사람에게 감사의 말을 전했습니까?

한 사람? 두 사람? 네 사람?

기억하십시오.

'감사하다'고 말할 때마다 당신은 그들과 한 발짝씩 더 가까워집니다.

오늘은 감사 노트를 작성해볼 시간입니다.

자신의 성공을 가능하게 해준 사회에 재산의 85%를 환원하겠다고 약속한 사람이 있습니다.

13세에 서른 이전 백만장자가 되겠다고 다짐, 30세에 그 꿈을 이룬 사람.

39세에 일리노이 내셔널 뱅크를 매입하고 43세에 워싱턴 포스트 사의 지분 15%를 인수, 58세에 코카콜라 최대 주주가 된 사람.

2008년 세계 부자 순위 1위, 100개의 자회사를 거느린 자산 620억 달러(65조)의 전설적인 투자가.

그렇습니다.

세계의 파워 리더 워렌 버핏입니다.

그가 미국의 어느 대학에서 강연했던 내용의 일부를 소개합니다.

> "제가 이 자리에 서게 된 것은 저를 둘러싸고 있는 거대한 사회 덕분이며, 그 속의 한 부분에서 제가 잘 적응했기 때문입니다. 따라서 제가 이룬 모든 것을 사회로 되돌리는 것이 마땅하며……."
>
> 《빌 게이츠 & 워렌 버핏 성공을 말하다》 중에서

멋지지 않습니까?

대부분의 재산을 지금의 자신을 있게 한 사회에 환원하는 것, 진정한 노블리스 오블리주의 모습이 아닐 수 없습니다.

자신의 성공은 스스로의 노력 때문이 아니라 사회 덕분이며, 훌륭한 부모님과 존경하는 스승을 만난 덕분이라고 말하는 세계 최고의 리더.

어쩌면 그의 부는 감사하는 마음이 만들어낸 게 아닐까요?

어느 날인가 저는 제 멘토의 소개로 한 스님을 찾아뵌 적이 있습니다.

난생 처음 가본 절의 모습도 인상적이었지만 깊은 우물 같았던 노스님의 말씀이 더 기억에 남습니다.

헤어지기 전 스님은 제게 이런 말씀을 남겨주셨습니다.

"네가 원하는 일, 이루어졌으면 하는 일을 종이에 적고 끝에다 꼭 이렇게 덧붙여. '감사합니다. 덕분입니다' 하고. 그렇게 감사 노트를 한 권 두 권 꾸준히 써봐. 그럼 네가 생각하는 것보다 훨씬 빠른 시간에 네 꿈이 이루어져 있을 게야."

얼마 후, 저는 또 '감사'에 대해 이야기하는 어느 목사님의 설교를 듣게 되었습니다.

목사님께서는 이렇게 말씀했지요.

"기도를 할 때 이미 이루어졌다는 믿음을 가지고 감사하는 마음으로 기도하십시오."

그 후 우연한 계기로 읽게 된 책,《감사의 힘》에는 놀랍게도 스님과 목사님이 말씀했던 감사의 힘과 방법이 거의 비슷하게 나와 있었습니다.

동서양을 떠나, 종교를 떠나 세상 곳곳에서 감사의 힘과 방법이 이야기되고 있다는 사실, 저에겐 새로운 발견이었습니다.

'설마, 감사한다고 말하는 것뿐인데, 무슨 특별한 일이 생길까?……'라고 생각하나요?

감사의 파급 효과는 삶의 패러다임을 바꿔놓을 만큼 엄청납니다.

직접 해보십시오.

당신의 감사가 하나하나 적립돼 기적을 부를 것입니다.

오늘의 실천

오늘 해야 할 일은 감사한 마음을 노트에 적어보는 것입니다.

감사 노트를 작성하는 것은 시간이 날 때, 아무 곳에서나, 필기도구만 있으면 가능합니다. 성공을 위한 준비치고는 너무도 간단하지요?

√ 감사 노트 작성하기

1 노트를 하나 구입해 표지에 '감사 노트'라고 적습니다.

2 첫 페이지에 날짜를 기록하고, 현재 자신이 감사하는 일을 머릿속에 떠올린 후 입 밖으로 소리내어 말하며 적습니다. 그리고 바로 이어서 "감사합니다! 덕분입니다!" 이렇게 세 번 반복해 말하며 적습니다.
예를 들어 생활설계사의 경우 이렇게 적을 수 있습니다. "이번 달에 보험 계약이 전달보다 많이 되어 감사합니다! 덕분입니다! 감사합니다! 덕분입니다! 감사합니다! 덕분입니다!"

3 이어, 같은 방법으로 현재 감사하는 또 다른 일들을 적습니다. 감사하는 일이 몇 가지든 상관없습니다.

4 다음은 미래에 일어날 일들, 즉 자신이 꿈꾸는 일들에 대해 마치 그 일이 이루어진 것처럼 소리 내어 말하며 적습니다. 방법은 2번과 같습니다.

예를 들어 생활 설계사의 경우 이렇게 적을 수 있습니다. "다음 달에는 이번 달보다 보험 계약이 두 배 더 많이 되어 감사합니다! 덕분입니다! 감사합니다! 덕분입니다! 감사합니다! 덕분입니다!"

감사 노트

★ 오늘은 워밍업으로 여기에 쓰고, 내일부터는 노트를 한 권 구입해 매일 감사를 적립해나갑니다.

예) 김지완의 《슈퍼맨 실천법 30》이 베스트셀러가 되어 감사합니다! 덕분입니다! 감사합니다! 덕분입니다!
감사합니다! 덕분입니다!

처음 써보는 감사 노트, 확신을 갖고 작성했나요?

확신 없는 사람에겐 아무 일도 일어나지 않습니다. 당신의 성공을 가로막는 것은 당신의 부족한 능력이 아니라 당신의 성공에 대한 부족한 확신입니다.

모든 부정어를 긍정어로 바꿔라

당신의 감사 노트에 몇 개의 감사가 적립되어 있나요?

감사하며 살기로 결심한 당신에게 오늘부터 사흘간, '절대긍정'과 '절대칭찬'의 기술을 알려드리겠습니다.

절대긍정과 절대칭찬은 돈 한 푼 들이지 않고 성공과 부, 행복을 가져오는 최상의 도구입니다.

미국 태권도계의 대부 이준구 사범을 알고 있습니까?

미국 역사상 가장 성공한 이민자 203명 중의 한 사람으로 뽑히고, 미 상하 양원 의원 350명에게 태권도를 가르친 분으로도 유명하지요.

이준구 사범은 5년 전 73세의 나이로 심장판막 수술을 받았습니다.

주변 사람들 모두가 그분의 수술을 걱정했지요. 의사들은 비행기도 타서는 안 된다고 경고했습니다.

하지만 지금 이준구 사범은 여든을 앞둔 나이에 수시로 한국과 미국을 넘나들며, 강연도 하고 거뜬히 송판도 깨면서 건강한 삶을 살고 있습니다.
어떻게 이런 기적이 일어난 걸까요?
바로 절대긍정의 힘이었습니다.

이준구 사범은 손톱만큼의 의심도 없이 말했다고 합니다.
"난 분명히 살아날 거야."
"모든 일이 결국은 다 잘될 거야."
그리고 그의 말은 그대로 이루어졌습니다.
절대긍정이 그것을 가능하게 한 것입니다.

여기서 잊지 말아야 할 것은 '절대'라는 전제입니다.
절대긍정이란 시련조차도 자신을 성장시킬 선물로 받아들이는 태도를 말합니다.
성공하기로 마음먹었습니까?
그렇다면 잊지 마세요.
절대긍정이 필수라는 것을.

절대긍정은 매 순간을 기회로 만듭니다.
찡그린 얼굴보다는 웃는 얼굴에 말을 걸게 되는 것과 같은 이치입니다.
억대의 연봉을 자랑하는 세일즈 마스터들이 고수하는 가장 중요한 법칙
이 바로 '절대긍정의 법칙'이라고 합니다.

"무조건 된다!"
"세상에 안 되는 일은 없다!"

이런 생각이 위기를 역전의 발판으로 만든다는 얘기입니다.

당신은 얼마나 긍정적인 마인드로 살고 있습니까?
혹시 온통 부정적인 마인드로 살고 있는 건 아닌가요?
만약 그렇다 해도 상관없습니다.
오늘부터 당신의 마음은 절대긍정으로 바뀔 수 있으니까요.
'부정, 긍정 전환 게임'이 당신을 그렇게 만들어줄 것입니다.

'부정, 긍정 전환 게임'은 말 그대로 부정적인 생각을 긍정적인 생각으로
바꾸는 게임입니다.
놀라지 마세요!
하루 중 얼마나 많은 시간을 부정적인 생각으로 허비하는지, 이 게임을

통해 당신은 깨닫게 될 것입니다.

그러나 걱정할 건 없습니다.

부정을 긍정으로 바꾸기로 결심한 지금,

당신 앞에 이미 꿈을 이루는 문이 열리기 시작한 것이니까요.

이제 페이지를 넘겨 게임을 시작하세요.

✓ 부정, 긍정 전환 게임 하기

1 하루 동안 당신이 했던 부정적인 생각들을 떠오르는 대로 적습니다.

1 예) 아, 짜증나. 오늘 버스에는 왜 이리 사람이 많아.

2

3

4

5

오늘의 실천

2 부정적인 생각을 긍정적인 생각으로 바꾸어보십시오.(생각이 쉽게 바뀌지 않으면
그냥 넘어갑니다.)

1　예) 오늘은 평소보다 버스에 사람이 많네. 그래도 제 시간에 버스가 와서 다행이야.

2

3

4

5

3 '부정, 긍정 전환 게임'을 한 후 소감을 적어봅니다.

예) 부정적인 생각을 하루에도 수십 번, 아니 수백 번은 하는 것 같다.
　하지만 부정적인 생각을 긍정적인 생각으로 바꾸고 나니 긍정과 부정은 백지 한 장 차이!
　내일은 오늘보다 긍정적인 마인드로 보낼 수 있을 것 같다.

당신 삶의 주인은 당신 자신입니다.

당신 삶이 긍정적인 생각으로 채워지길 원합니까, 부정적인 생각으로 채워지길 원합니까?

당신이 현명한 주인이라면 부정적인 생각들을 당장 내쫓아버리십시오.

성공을 가로막는 방해꾼들이니까요.

'부정, 긍정 전환 게임'에서 해보았듯, 마음만 먹는다면 얼마든지 부정적인 생각을 긍정적인 생각으로 바꿀 수 있습니다.

손바닥을 뒤집듯 말이지요.

지금 이 책을 보고 있는 당신에겐 분명 긍정을 선택할 능력이 있습니다.

이제 다음의 '긍정기술'을 연습해보십시오.

√ 긍정기술 연습하기

1 아침에 처음 만나는 사람, 예를 들어 배우자나 자녀에게 얼굴이 마주침과 동시에 이렇게 말합니다.
  "오늘은 왠지 좋은 일이 일어날 것 같은데?"
  이때 표정에 유의하십시오. 미소를 지으며 기분 좋게 말해야 합니다. 하지만 장난이라고 느껴지지 않도록 진지한 모습으로 얘기하세요.

2 직장에 출근하면 동료와 상사, 부하직원들에게도 집에서 했던 것처럼 말합니다.
  단, 직장에서 말할 때는 조금 더 구체적으로 하는 것이 좋습니다. 예를 들어 당신이 사업을 하는 사람이라면 이렇게 말하세요. "오늘은 왠지 대형 계약을 하게 될 것 같은데?"

3 1, 2와 같은 방법으로 하루 종일 가는 곳마다 '좋은 일이 생길 것 같다'고 말하십시오.

4 잠자리에 들기 전, 하루 일과를 돌아보고 긍정기술 연습 소감을 적어봅니다.

긍정기술 연습 후

예) '긍정기술'을 사용하니 신기하게도 기분이 좋아졌다. 하루 동안 일도 더 잘 풀렸다. 물론 오늘 당장 계약이 성사된 건 아니다. 하지만 긍정기술을 반복하다 보면 언젠가 효과를 볼 것 같다. 이렇게 한번 외쳐볼까? "무조건 된다구!"

긍정기술을 최소한 1주일 정도는 꾸준히 연습해보세요.

분명히 좋은 결과가 나타날 것입니다.

> **J의 어드바이스 ★** 아직 긍정의 힘이 믿어지지 않습니까? 그렇다면 절대긍정에 대한 확신부터 가지십시오. 다시 시작하십시오. 그 방법은 '부정, 긍정 전환 게임'과 '긍정기술 연습'을 반복하는 것입니다. 절대긍정으로 당신을 무장하십시오. 당신의 생각이 곧 당신의 미래 모습입니다.

칭찬하고 또 칭찬하라

'부정, 긍정 전환 게임'과 '긍정기술 연습', 오늘도 해보았습니까?

"좀 더 일찍 알았더라면 좋았을 걸" 하는 분도 있을 겁니다.

하지만 지금부터라도 계속해보십시오. 이 세상에 너무 늦은 것이란 없습니다.

오늘은 '절대칭찬'을 실천해보도록 하겠습니다.

'절대칭찬'은 말 그대로 상대방의 장점을 찾아 무조건 칭찬해주는 것입니다.

먼저 제 경험담을 소개합니다.

스물네 살에 어학원을 운영하면서 저는 절대긍정과 절대칭찬의 효과를 톡톡히 보았습니다.

전 학원에 출근하자마자 직원들에게 인사처럼 말하곤 했습니다.

"오늘 왠지 좋은 일이 있을 것 같습니다."

"신규로 30명 정도는 등록할 것 같은 예감이 들어요."

바로 긍정기술을 사용한 것이지요.

그다음엔 절대칭찬으로 들어갔습니다. 직원들에게 아주 사소한 것까지 놓치지 않고 칭찬했지요.

"이 실장님, 아까 그 학생에게 정말 친절하게 대해주시던데요."

"강 선생님, 강의가 좋아선지 학생들 만족도가 높아요."

저와 직원들 모두 즐겁게 근무할 수 있었던 건 물론입니다.

그리고 시간이 지나면서 드디어 긍정과 칭찬의 효과가 나타나기 시작했습니다. 놀라울 정도였지요.

자본금 700만 원, 학생 0명으로 시작한 어학원이 직원들 월급만 매달 3,000만 원, 학생수 400명의 규모를 갖추게 된 것입니다.

그리고 2호점 오픈!

무엇이 이 작은 성공을 이루었을까요?

네, 절대긍정과 절대칭찬이었습니다.

이제, 당신도 해보겠습니까?

✓ 칭찬기술 연습하기

1 우선 집에서나 직장에서 칭찬해주고 싶은 사람 셋을 정합니다.

2 세 사람의 장점에 대해 생각하십시오. 아주 사소한 것들이라도 상관없습니다.

3 실제로 그 세 사람을 만나 칭찬해주십시오.
예를 들어 이렇게 칭찬할 수 있습니다. "넌 옷을 참 센스 있게 입는 것 같아." "나도 양 대리님처럼 능률적으로 일을 할 수 있으면 좋겠어요."

4 칭찬 후엔 상대방의 반응을 주의 깊게 살핍니다.

칭찬 후 상대방의 반응 적기

예) 살이 보기 좋게 빠진 것 같다는 칭찬에 부장님이 기뻐하셨다. 다소 무뚝뚝한 편인데도 오후 내내 얼굴에 생기가 돌고 먼저 나서서 간식 타임을 갖자고도 하셨다. 칭찬의 힘, 굉장하다.

칭찬을 싫어하는 사람은 이 세상에 아무도 없습니다.

이런 책 제목도 있지요.

'칭찬은 고래도 춤추게 한다.'

그런데 칭찬을 할 때 주의할 점이 있습니다. 절대 거짓말을 해서는 안 된다는 것입니다.

실제로 체중이 전혀 준 것 같지 않은데 살이 빠졌다고 말하는 것은 역효과를 불러올 수 있습니다. 점수를 따기 위한 빈말로 오해를 받거나 오히려 상대방이 모욕감을 느끼게 할 수 있으니까요.

진심으로 칭찬하십시오. 사실에 근거한 칭찬이라야 상대방이 호응할 마음도 생기고 기분도 좋아집니다.

자, 이제 긍정기술과 칭찬기술을 잘 사용할 자신이 생기나요?

아직 어색하거나 쑥스럽더라도 절대 포기하지 마십시오. 편히 앉아 바꿀 수 있는 것은 아무것도 없으니까요.

자기긍정, 자기칭찬의 마술을 익혀라

이제 절대긍정과 절대칭찬에 좀 익숙해졌나요?

아직 어려움을 겪는다면 눈을 크게 뜨고 주변을 한번 둘러보세요.

긍정할 일들, 칭찬할 사람들이 줄줄이 당신을 기다리고 있습니다.

기억하세요!

긍정과 칭찬의 말을 하는 만큼 그들은 당신에게 조력자가 된다는 사실을.

오늘은 남이 아닌 당신 자신에게 긍정과 칭찬을 해주는 시간을 가져보겠습니다.

전 세계 35개국 29개 언어로 출간되어 4,000만 부가 팔린 베스트셀러 《치유 : 있는 그대로의 나를 사랑하라》의 저자이자 심리치료 전문가 루이스 헤이는 이렇게 말합니다.

"자기 자신의 있는 모습 그대로를 받아들이는 것이 필요하다."
"자기 자신을 진정으로 사랑하게 될 때 인생도 잘되기 시작한다."

실제로 그녀는 자궁암 3기 판정을 받고 자기긍정의 힘으로 완치한 경험을 가지고 있습니다.

성공하고 싶습니까?
그렇다면 먼저 자기 자신을 긍정하십시오.
자기 자신을 칭찬하십시오.
자기 자신을 사랑하십시오.
스스로 먼저 자신을 아껴야 남이 날 긍정하고 칭찬하며 성공의 기회도 찾아옵니다.

<h1 style="text-align:center">오늘의 실천</h1>

'생각이 결과를 지배한다'는 것은 이제 새로운 이야기가아닙니다.

감사하고 긍정하고 칭찬하는 만큼 결과는 좋아집니다.

이제 스스로를 긍정하고 자기 자신을 칭찬하는 연습을 해보겠습니다.

✓ 자기긍정 리스트 작성하기

1 자기 자신의 장점, 긍정적인 면을 세 가지 이상 떠올려봅니다.

2 지금 생각해낸 것을 아래 리스트에 적습니다. 중요한 것이든 사소한 것이든 떠오르는 대로 자유롭게 쓰면 됩니다.

3 다 적은 후 크게 소리 내어 읽어봅니다.

자기긍정 리스트

예) 나는 추진력이 있어 회사에서 인정받고 비교적 빠르게 진급했다.

✓ 자기칭찬 연습하기

1 우선 자기긍정 리스트에 작성한 당신의 장점과 긍정적인 면들을 다시 한 번 확인
합니다.

2 아래에 자기칭찬 리스트를 작성합니다.

자기칭찬 리스트

예) 지완아, 너는 추진력이 좋아 회사에서 인정도 받고 빠르게 진급도 했지? 참 잘했다! 넌 정말 대단한
놈이야!

3 거울 속 당신의 눈을 똑바로 쳐다보며 스스로 칭찬의 말을 합니다.

4 마지막으로 거울 속 당신의 눈을 똑바로 쳐다보며 당신 자신에게 이렇게 말해줍
니다.

"나는 이런 내가 참 마음에 든다. 나는 이런 내가 참 좋다."

"나는 이런 내가 참 마음에 든다. 나는 이런 내가 참 좋다."

"나는 이런 내가 참 마음에 든다. 나는 이런 내가 참 좋다."

당신 스스로를 긍정하고 칭찬하십시오.
그러면 온 우주가 당신을 긍정하고 칭찬할 것입니다.

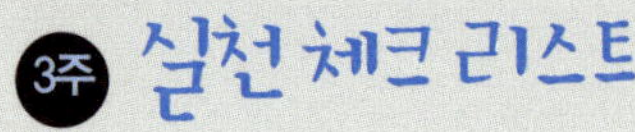

3주 실천 체크 리스트

지난 3주차 동안 당신이 해야 할 일들을 얼마나 실천했는지 확인합니다.

일차	내용	체크
1일	감사 목록을 열 개 이상 작성했습니까?	○
	그 이후에도 감사 리스트를 작성한 적이 있나요?	○
2일	당신과 친하거나 친해지고 싶은 사람들을 선택해 **감사 테이블**을 작성했습니까?	○
	그들에게 감사의 마음을 직접 표현해보았나요?	○
3일	**감사 노트**를 써보았습니까?	○
4일	**부정, 긍정 전환 게임**을 해보았습니까?	○
	긍정기술도 연습해보았나요?	○
5일	칭찬해주고 싶은 사람을 만나 실제로 칭찬했습니까?	○
6일	**자기긍정 리스트**와 **자기칭찬 리스트**를 세 가지 이상 작성해보았습니까?	○
	거울을 보고 스스로에게 칭찬했습니까?	○

1~6일 중 하나라도 되어 있지 않다면 4주차로 넘어갈 수 없습니다. 부족한 해당 부분을 먼저 실천하기 바랍니다. 이 책은 변화를 위한 최적의 순서로 구성되어 있습니다. 하나도 빠짐없이, 순서에 따라 실천해야 합니다.

지난 1주일 동안 실천하며 느낀 소감을 적어봅니다.

이번 주엔 절대감사와 절대긍정, 절대칭찬을 연습해보았습니다.

절대감사가 삶을 바꿔놓을 수 있습니다.

절대긍정이 기적을 부를 수 있습니다.

절대칭찬이 불가능을 가능으로 만들 수 있습니다.

직장 동료가 타다 준 커피에 크게 환호하고 감사하십시오.

일이 잘 안 되어갈 때 백 번 '된다'고 생각하십시오.

옆 사람의 사소한 장점에 마음껏 감동하고 칭찬하십시오.

당신 스스로에게 좋은 말을 건네고 아낌없이 칭찬하십시오.

당신의 꿈은 이미 현실이 되고 있을 것입니다.

4주
일과 사람에 몰입하라

밥을 먹을 땐 밥을 먹을 뿐, 길을 갈 땐 길을 갈 뿐,
일을 할 땐 일을 할 뿐, 남편을 생각할 땐 남편을 생각할 뿐,
자식을 사랑할 땐 사랑할 뿐, 오로지 할 뿐입니다.

–

숭산 스님

한 소년이 있었습니다.

종교지도자가 꿈이었던 그는

롤 모델인 한 스승을 찾아가 수련을 받습니다.

그렇게 10년이 지난 후,

청년이 된 그는 떠날 때가 되었다고 생각하며 스승에게 질문을 합니다.

"스승님, 저는 지난 10년 동안 스승님이 하신 모든 것을 따라 하고, 스승님이 읽으신 모든 책을 읽었습니다. 그런데 왜 저는 스승님처럼 마음의 평안과 삶의 즐거움이 없을까요?"

그러자 그 스승은 이렇게 얘기합니다.

"나는 밥 먹을 때 밥만 먹고, 일한 땐 일만 하고, 잠잘 땐 잠만 잔다. 그런데 너는 어떠냐?"

당신은 어떻습니까?

밥 먹을 때 일 걱정하고, 일할 때 밥 생각하고, 잠잘 때 또다시 일 걱정을

하는 건 아닌가요?

성공한 삶을 살기 위해서는,

행복한 삶을 살기 위해서는

지금 이 순간의 일에

지금 이 순간의 만남에

흠뻑 빠져 즐길 수 있어야 합니다.

그것을 몰입이라고 하지요.

이미 당신은 몰입을 경험한 적이 있을 겁니다.

일요일 아침마다 하는 조기축구를 하다가,

좋아하는 가수의 노래를 따라 부르다가,

혹은 판타지 소설을 탐독하다가 몰입을 경험했을 수 있지요.

이렇게 좋아하는 무엇인가를 할 때 느끼는 희열을

일하는 순간마다, 공부하는 순간마다 느낄 수 있다면

삶이 얼마나 행복해질까요?

결론부터 말하자면

당신이 원하는 순간마다 당신은 몰입할 수 있습니다.

성공한 삶을 위해 저와 함께 여기까지 온 당신은

분명 그럴 수 있는 사람입니다.

단, 당신이 그렇게 살기로 선택했다면 말이지요.

이번 주에는 지긋지긋한 업무, 혹은 공부, 어려운 인간관계, 더 나아가

삶 전체를 즐기는 몰입의 방법을 배우게 될 것입니다.

몰입했던 순간을 불러오라

한 가지 일에 집중하면 밥 먹는 것조차 잊어버리는 한 청년이 있었습니다.

깊이 몰두한 그를 저녁 식탁에 앉히기 위해 그의 가족은 식사시간 30분 전부터 그를 계속해서 불러대야 했지요,

설사 그가 식탁에 와서 앉더라도 다음 날 아침 같은 일이 반복되는 경우가 허다했습니다.

덕분에 그의 애완 고양이는 그가 남긴 식사를 해치우느라 뚱뚱했다고 합니다.

그는 집에 놀러온 친구를 대접한다며 와인 창고에 갔다가 몇 시간이나 그곳에 틀어박혀 있기도 했습니다.

창고에서 문득 어떤 문제가 떠올라 그 문제와 신나게 씨름하고 있었던 것입니다.

또 그는 몰두했던 문제의 실마리가 풀리면 엄청난 기쁨에 휩싸여, 자신이 며칠 동안 한숨도 자지 못했다는 사실을 깨닫지 못했다고 합니다.

이 당혹스런 괴짜가 누구일까요?

바로 만유인력의 법칙을 발견한 뉴턴입니다.

어떻게 만류인력의 법칙을 발견했냐는 사람들의 질문에 그는 이렇게 대답했다고 합니다.

"내내 그 생각만 하고 있었으니까요."

《프린키피아의 천재》 참조

몰입의 행복감과 멋진 결과는 뉴턴 같은 천재만 누릴 수 있는 걸까요?

결코 그렇지 않습니다.

이제 당신도 당신의 삶 속에서 그 행복감을 경험해보십시오.

✓ 몰입 경험 떠올리기

1 편안한 마음으로, 과거에 몰입했던 경험을 떠올려봅니다. 여기서 몰입이란 어떤 일에 고도로 집중한 상태로서, 옆에서 누가 불러도 모를 정도를 뜻합니다.

2 그 정도의 몰입을 경험해보지 못했다면, 어떤 일에 심취해 다른 생각들이 완전히 정지돼 있던 경험을 떠올려보십시오.

3 아래에 그 경험을 적고, 몰입하는 동안과 몰입 후에 어떤 느낌이 들었는지도 적어봅니다.

몰입 경험에 대한 느낌

예) 예전에 수영장에 다닐 때, 25m 레인을 쉬지 않고 왕복하다가 어느 순간 수영과 내가 하나된 느낌이 들었던 적이 있다. 800m쯤 수영을 했을까, 풀 벽에 손을 대고 바닥에 발을 딛자 형용할 수 없는 행복감이 밀려들었다.

몰입은 인간의 잠재된 능력을 끌어내는 놀라운 힘을 가지고 있습니다.
극한의 상황에 처한 인간이 초능력을 발휘하게 되는 경우도 역시 몰입의 결과라고 할 수 있지요.

이렇게 엄청난 몰입의 힘을 당신의 일과 대인관계에 사용할 수 있다면 얼마나 좋을까요?

다음 페이지로 넘어가보세요.

그것은 충분히 가능한 일입니다.

J의 플러스 스토리 ★ 골프 홀의 크기와 몰입의 상관관계

미국 퍼듀대학 심리학과에서 골퍼들을 대상으로 재미있는 실험을 했습니다. 골퍼 46명에게 한 라운드를 돌게 한 뒤 골프 홀의 크기를 짐작해보도록 한 것입니다. 골퍼들에게 라운딩 직후 지름 9~13cm 크기의 구멍이 여럿 그려진 그림을 보여주고, 라운딩 때 본 것과 같은 크기의 구멍을 고르라고 했습니다.

결과는 놀랍게도 그날 점수가 잘 나온 사람일수록 큰 구멍을 선택했다는 것입니다. 이는 흔히 골퍼들이 점수가 좋은 날은 홀이 엄청나게 커 보이고, 점수가 좋지 않은 날은 홀이 동전만 해 보인다고 하는 말이 사실이라는 것을 입증합니다. 그렇다면 어떻게 이런 결과가 가능한 걸까요?

이에 대해 퍼듀대학 연구진은 과학적인 답을 내놓았습니다. 골퍼가 좋은 성적을 내기 위해 홀에 집중할 때 홀의 위치는 수용체가 많이 분포된 시야의 중심부에 놓이게 되며, 이 때문에 홀이 더 크게 보인다는 것입니다. 즉, 홀이 크게 보이는 것이 몰입을 통해 가능했다는 말이지요. 이것은 2008년 미 국립보건원(NIH) 지원으로 이루어진 연구로 《사이코노믹 불리틴 앤 리뷰》지에 발표되었습니다.

30분 안에 몰입하는 연습을 하라

태어나서 무슨 일에든 단 한 번도 몰입해보지 않은 사람은 없을 것입니다. 대접전의 농구 게임이나 축구 게임을 하면서, 또는 최고의 기분으로 춤추거나 노래부르면서 몰입을 경험했을 수도 있습니다.

요리나 독서, 사진 찍기 등 재미에 흠뻑 빠져 취미활동을 하면서, 혹은 고난이도의 수학 문제를 풀거나 굉장히 힘든 일을 해결하면서 몰입 체험을 했을 수도 있겠지요.

왕년의 테니스 스타 지미 코너스는 이런 말을 한 적이 있습니다.

"경기를 하다 보면 시간이 아주 느리게 흐르는 것 같은 때가 있다. 비디오를 슬로 모션으로 보는 듯 공이 천천히 날아와 어디에 어떻게 떨어질지를 다 알

수 있다. 물론 이럴 때는 예측한 위치로 달려가 정확하게 공을 받아쳐 게임을 아주 쉽게 이길 수 있다. 이런 '느린 공 현상'은 집중을 뛰어넘은 몰입의 경지이다. 내가 테니스 공, 라켓 그리고 게임과 완벽하게 혼연일체를 이루는 몰입의 경지, 거기서 나오는 엄청난 잠재력이 이를 가능케 하는 것이다."

한국일보 권정희 논설위원의 글 참조

원하는 시간에, 원하는 일을 몰입함으로써 자신의 능력을 극대화할 수 있다면 얼마나 좋을까요?

몰입의 경지에서 일한다면 성공은 보장된 것이나 다름없겠지요.

그런데, 그게 과연 가능할까요?

물론! 가능합니다.

30분의 몰입 연습이 당신을 도와줄 것입니다.

이제부터 몰입을 직접 체험해보는 시간을 갖도록 하겠습니다.

'아니, 이렇게 단순한 방법으로?'

이런 생각이 들더라도 반드시 따라 하기 바랍니다.

부와 성공 그리고 행복은 복잡한 방식으로 얻어지는 게 아닙니다.

진리는 단순한 것에 있다는 사실, 잊지 마세요!

오늘은 조깅으로 몰입을 연습하도록 합니다.

갑작스러운 조깅 제안이 뜬금없이 여겨지나요?

조깅은 별다른 준비 없이 몰입을 경험하기에 매우 좋은 방법입니다.

✓ 30분 조깅으로 몰입 연습하기

1 동네에 위치한 학교 운동장이나 공원을 찾아가 적당한 속도로 조깅을 시작합니다.

2 30분 정도, 땀이 날 만큼 뛰십시오. 생각은 하지 않으려 애쓰면서 오직 들숨과 날숨을 의식하고 뛰는 것 자체에만 집중합니다.

3 뛰다 보면 어느 순간 생각이 멈추면서 뛰는 것으로부터 오는 고통이 느껴지지 않는 단계가 올 것입니다. 이때부터 몰입이 시작되는데, 잡다한 생각이 사라진 가운데 환희를 느끼게 되고 내면에서 알 수 없는 힘이 솟아오릅니다.

4 조깅이 끝난 후 집에 돌아와 느낀 점을 적습니다.

예) 처음 5분 정도는 많이 힘들다고 느꼈는데, 이를 악물고 뛰다 보니 어느 순간 힘든 것이 사라지고 마음이 편안해지며 기분이 상쾌해졌다. 들숨과 날숨에 집중하다 보니 머릿속에 있던 모든 생각이 잠시나마 사라지는 것이었다. 조깅 중의 느낌은 뭐랄까, 매우 개운했다.

조깅하면서 연습한 대로 몰입의 행동 패턴을 익히다 보면 어느새 습관이 될 것입니다. 몰입의 습관을 갖게 되면 삶이 더 나은 방향으로, 아니 획기적인 방향으로 변할 수밖에 없습니다. 어떤 일이든 100% 이상을 해낼 수 있으니까요.

'1+1=2'의 공식처럼, 이것은 너무나 당연한 사실입니다.

일의 능률을 최대치로 끌어올리고 싶습니까?

우선 '30분 조깅'으로 몰입을 연습해보세요.

J의 플러스 스토리 ★ 러너스 하이(Runner's High)

'러너스 하이'는 스포츠 의학 용어로, 마라톤처럼 중간 강도의 운동을 30분 이상 계속할 때 느끼는 행복감을 말합니다. '운동 하이(Exercise High)'라고도 하며, 헤로인이나 모르핀을 투약했을 때 나타나는 의식 상태나 행복감과 비슷하다고 합니다. 뛰는 것이 아닌 다른 행동, 예를 들어 체스 게임을 통해서도 몰입의 희열은 경험할 수 있지만, 러닝의 경우 빠른 시간에 그 상태를 느낄 수 있습니다. 이 용어는 캘리포니아대 심리학자인 아놀드 J. 맨델이 1979년 발표한 정신과학 논문 〈세컨드 윈드(Second Wind)〉에서 처음 소개되었습니다. (출처 : 동아사이언스)

일을 몰입의 즐거움으로 바꿔라

'30분 조깅', 기꺼이 실천해보셨나요?

당신이 이 책이 가르쳐주는 방법대로 진지하게 조깅했다면 분명히 몰입을 경험해보았을 것입니다.

이런 몰입은 조깅뿐 아니라 어떤 일에서도 가능합니다.

당신의 업무에서도 물론입니다.

저는 몰입의 생활 패턴을 익히게 된 후 강연할 때도 몰입을 경험하곤 합니다.

예전에는 머릿속의 생각을 논리정연하게 발표하는 정도였다면, 몰입을 체득한 후부터는 말하는 내가 사라지고 강연만 남는 상태가 됩니다.

이때는 청중의 머리를 자극하는 게 아니라 가슴을 울리게 되고 강연은 당연히 호소력 있게 되죠.

이렇게 자신의 일에서 뛰어난 결과와 평범한 결과를 낳는 차이는 바로 몰입입니다.

짧은 시간에 업무 혹은 공부에서 큰 성과를 거두길 원합니까?

그렇다면 30분 조깅을 통해 경험했던 몰입을 당신의 일에서도 지속적으로 경험해야 합니다.

순수한 행복감과 희열을 느끼면서 탁월한 결과를 얻는 몰입의 마술!

당신도 얼마든지 할 수 있습니다.

당신이 그렇게 하기로 마음먹는다면 말이지요.

자신의 분야에서 높은 경지에 오른 사람들을 자세히 관찰해보십시오.

그들은 하루의 어느 순간이든 일하는 중에 몰입을 경험합니다.

한 가지 알아야 할 것은, 자기 일에 어느 정도 숙련된 상태라야 몰입이 가능하다는 점입니다.

그래서 달리기나 춤은 30분 정도만 하면 누구든 몰입할 수 있는 것이죠.

하지만 일은 약간의 숙련도가 필요합니다.

예를 들어 용접 일을 못 하는 사람이 아무리 용접기를 들고 애써봐야 몰입을 경험하기는 어렵습니다.

'혹시 다치지나 않을까', '이렇게 작업하는 게 맞긴 맞나' 하는 잡다한 생각들 때문에 집중하기가 힘들 것입니다.

오늘은 자기 일에서 몰입하는 시간을 가질 것입니다.

당신의 일이 어떤 일이든 상관없습니다.

사무실에서 사업 계획을 세우든, 축구팀에서 슈팅 연습을 하든, 도서실에서 공부를 하든 말이지요.

30분 조깅 연습을 할 때처럼, 오직 그 순간 하고 있는 일에만 집중하면 됩니다. 그 순간이 생애 마지막 순간인 것처럼 모든 에너지와 정열을 집중시켜보세요.

몰입의 시간이 자연스럽게 찾아올 것입니다.

일하는 분야에서 두각을 나타내고 싶은가요?

그렇다면 몰입하세요!

꿈꾸던 목표를 좀 더 빠르게 실현하고 싶은가요?

그렇다면 몰입하세요!

행복한 삶을 살고 싶은가요?

그렇다면 몰입하세요!

모든 선택은 바로 당신의 몫입니다.

스마일 라인을 선택하는 것도, 끌리는 외모를 만드는 것도, 높은 기대치

를 갖는 것도, 그리고 몰입하는 것도,

선택은 바로 당신의 몫입니다.

√ 일터에서 몰입하기

1 직장 혹은 학교에서 당신의 일에 최대한 집중해보십시오. 중간에 화장실을 가거나 전화하면서 정신을 흐트러뜨리지 마십시오. 집중을 방해하는 요소는 미리 해결한 후 일을 시작합니다.

2 의식적으로 다른 생각을 떨쳐내고, 일 자체에만 모든 감각을 집중시킵니다.

3 모든 생각이 멈추고, 오직 일하는 그 상태와 당신이 하나 됨을 느낄 때까지 계속 일하십시오. 곧 몰입의 순간이 올 것입니다.

4 몰입 체험 후 소감을 적어봅니다.

예) 내 업무에 이렇게까지 집중해본 건 신입사원 시절 이후 처음인 것 같다. 몰입해보니 보통 때보다 두 배 이상 능률이 올랐고 보람도 느껴졌다. 이렇게 매일 몰입한다면 1년 후의 나는 놀랍게 성장해 있지 않을까.

오늘의 몰입 연습을 시작으로 '일터에서 몰입하기'를 계속해나가기로 마음먹었나요? 아래 밑줄 친 부분에 당신 이름을 채우며 '몰입 선언'을 해보십시오.

몰입 선언

1 나 _______________는(은) 앞으로 내 일에 몰입할 것이다.

2 나 _______________는(은) 몰입을 통해 두각을 드러낼 것이다.

3 나 _______________는(은) 필요하다면 언제든 몰입할 것이다.

경청을 통해 사람에게 몰입하라

자신의 일에서의 몰입, 연습해보았습니까?

'아직'이라면 다시 3일차로 돌아가 과제를 수행하십시오. 변화는 하루하루 성실한 학생처럼 따라했을 때 가능합니다.

일터에서 몰입하는 사람에게 성공은 보장된 것이나 다름없습니다.

하지만 몰입은 혼자서 일할 때만 필요한 게 아닙니다. '나와 너', '나와 우리', 즉 관계에서도 몰입이 필요하지요.

이건희 전 삼성그룹 회장이 삼성물산 부회장에 취임할 때, 아버지인 고 이병철 회장은 '경청(敬聽)'이라는 글귀를 직접 붓글씨로 써주었다고 합니다. 상대방과의 소통이 기업 경영의 필수임을 가르쳐준 것이겠지요.

이때부터 이건희 회장은 경청의 리더십을 발휘하게 되는데, 회사를 물려받은 이후 2005년 기준 삼성의 규모는 14배나 커졌고 경제 위기의 고비마다 이를 잘 극복해냈습니다.

항간에는 혹시 이건희 회장이 말을 잘 못 하는 게 아니냐는 말이 있을 정도로, 그는 대화 중 상대의 말을 집중해 들었다고 합니다.

미국 ABC 방송 〈나이트라인〉 진행자 테드 카펠은 몇 년 전 《타임》지와의 회견에서 CNN의 토크쇼 명 사회자 래리 킹을 이렇게 칭찬했습니다.
"그는 게스트가 무슨 말을 하는지 경청하는 몇 안 되는 사회자죠."
이에 대해 래리 킹은 의미심장한 말을 했다고 합니다.
"내 별명은 비록 '떠버리'이지만, 나의 성공 비결은 무엇보다도 남의 말을 잘 듣는 것입니다."

《화술을 바꿔라 인생이 바뀐다》 참조

그렇습니다.
세계적인 명 MC도, 세계적인 기업인도 성공 비결은 간단했습니다.
경청을 통한 관계 속에서의 몰입!
이것이 상대방의 마음을 사로잡는 최대의 기술이었던 것이죠.
오늘 그 아름다운 기술을 익혀보십시오.

✓ 관계 몰입하기

1 오늘의 이야기 상대를 한 명 정합니다. 고객이나 사업 파트너면 더욱 좋습니다.

2 그를 만나 이야기를 나누십시오. 친밀감을 담아 상대방의 눈을 바라보면서 얘기합니다.

3 대화할 때 온몸을 상대방에게 집중시키십시오. 심지어 손가락, 발가락까지도. 대화 중에 다른 생각이 들면 그 즉시 떨쳐내고, 핸드폰이나 시계도 들여다보지 마십시오. 오직 상대방에게만 모든 것을 집중합니다.

4 집중이 잘되면 당신이 마치 상대방이 된 듯한 심정으로 최대한 공감해보십시오. 그리고 당신이 얘기할 차례가 오면 가슴으로 이야기하듯 열정을 다해 에너지를 쏟으십시오.

5 대화를 다 나눈 후 시간을 내어 '관계 속의 몰입'에 대한 소감을 적습니다.

예) 내가 가진 모든 에너지를 쏟아 대화를 나눠보니 조금은 피곤했다. 하지만 이전과 다르게 대화의 질이 높아진 것 같다. 상대방도 대화 후 매우 만족해하는 모습이다. 앞으로 몰입의 기술이 익숙해지면 피곤함도 그만큼 줄어들겠지.

상대방에게 100% 몰입하는 사람은 매력적일 수밖에 없습니다. 몰입의 에너지는 상대를 끌어들이는 에너지이기 때문입니다.

상대방의 말을 경청하십시오. 몰입하십시오.

직장 동료, 거래처 직원, 심지어 당신의 경쟁자들에게까지.

그들 모두 당신의 팬이 됩니다!

J의 어드바이스 ★ 상대방의 눈을 보면서 얘기하는 것은 대화에 있어 기본 에티켓입니다. 세계적인 자기계발 및 동기부여 전문가 브라이언 트레이시는 대화에서 눈 맞추기는 상대가 말하는 시간의 85% 정도가 적당하다고 얘기합니다. 지나치게 쳐다본다면 오히려 불쾌한 인상을 심어줄 수 있으니까요. 상대방의 입장이 되어 생각해보세요. 쉽게 이해가 되죠?

《끌리는 사람의 백만불짜리 매력》 참조

관계 몰입을 가족에게 실천하라

우리는 지난 나흘간 자신이 일하는 분야에서 성과를 내기 위한 몰입의 기술들을 실천해보았습니다.

그 효과를 체험했습니까?

그렇다면 당신은 이제 성공을 향한 발걸음에 가속도를 낼 수 있습니다.

그런데 혹시 알고 있나요?

부와 성공을 거둔 사람들 중 방황하는 이들이 적지 않다는 것을.

그들은 알코올 중독이나 건강하지 못한 애정 문제로 비틀거리고, 심지어는 자살까지 시도합니다.

남부러울 것 없는 이들이 왜 이렇게 되는 걸까요?

많은 경우 일과 가정의 균형이 깨졌기 때문입니다.

한쪽 날개가 너무 비대해지면 더 이상 날지 못하고 땅으로 추락할 수밖에 없습니다.

당신의 날개는 어떻습니까?

자선단체에서 일하기 위해 세계 최고 기업의 CEO 자리에서 은퇴한 멋진 사람이 있습니다.

그렇습니다.

'부자' 하면 가장 먼저 떠오르는 사람, 빌 게이츠입니다.

그가 최고의 경영자 자리를 내놓은 게 언제인지 알고 있나요?

놀랍게도 마이크로소프트가 명실공히 세계 최고의 컴퓨터 프로그램 회사로 정점의 위치에 도달했을 때였습니다.

그는 아내 멜린다 게이츠와 함께 과감히 '빌 앤 멜린다 게이츠 재단'을 설립, 지구 반대편 아이들을 돕는 일에 힘쓰고 있습니다.

두 사람이 세계 오지를 찾아다니며 세계의 보건 및 교육 발전을 위해 기탁한 돈이 지금까지 13조 원, 앞으로도 93조 원 이상을 기부할 계획이라고 합니다.

어려운 이웃을 위해 전 재산의 95%를 쓰겠다고 하는 세계 최고의 부자, 이해가 됩니까?

그가 공익사업에 모든 걸 바치게 된 동기는 무엇일까요?

사회에서 받은 것을 되돌려주겠다는 생각과 함께, 그는 딸에게 좋은 역할 모델이 되겠다는 의지가 있었습니다.

멋지지 않습니까?

딸에게 막대한 재산 대신 이타적 정신을 물려준 빌 게이츠.

그가 '행복한 부자'인 것은 가족에 대한 진정한 사랑이 있었기 때문일 것입니다.

당신은 어떻습니까?

평소 가족에 대한 생각을 얼마나 하나요?

혹시 일에만 너무 치우쳐 가족에게 소홀히 하지는 않습니까?

가족의 사랑은 대화를 통해 무르익고 확인됩니다.

대화 없이 행복한 가정을 보았나요?

대화 없이 이해하고 힘을 얻는 가정을 보았나요?

우리는 가족이 하는 이야기를 가장 건성으로 듣습니다.

우리는 가족과 대화할 때 가장 건성으로 이야기합니다.

직장에서는 열정을 다해 일하고 대화하지만,

가정에서는 그 절반 정도의 열정도 없이 시간을 보내고 성의 없이 대화합니다.

완벽하게 성공하기를 원하나요?

그렇다면 가족과의 대화에 에너지를 쏟으세요!

오늘은 가족 간의 사랑 넘치는 대화를 실천해보도록 하겠습니다.

어색하고 쑥스러워서 어렵겠다고요?

물론 무덤덤한 분위기가 익숙한 분들은 어려울 수도 있습니다.

하지만 해보십시오.

세상에 공짜는 없습니다.

티셔츠 하나를 사도 반드시 그 값을 지불해야 하는 법.

하물며 행복을 얻고 싶다면 어떤 대가라도 지불해야겠죠.

어색함과 쑥스러움을 감수하는 노력도 그 대가 중 하나입니다.

꼭 해야 할 숙제를 하듯 무조건 실천해보십시오.

어색함은 금세 사라집니다.

✓ 사랑의 대화하기

1 어제 했던 '관계 속의 몰입'을 떠올려봅니다.

2 가족 중 오늘 대화가 필요한 사람을 한 명 정합니다.

3 적당한 시간에 그와 대화를 나눕니다. 대화하는 동안 관계 속의 몰입을 사용해보세요. 모든 대화가 그와의 마지막 대화인 것처럼 소중하고 간절한 마음으로 해야 합니다.

4 사랑의 대화를 할 때 다음 사항들을 염두에 두십시오.

- 상대방이 얘기할 때 마음으로 공감하며 들어주어야 합니다.
- '하지만' 혹은 '그런데'라는 토를 달지 마십시오. 당신의 생각을 강요하거나 섣불리 판단하고 충고해서는 안 됩니다.
- 혹시 당신을 비난하더라도 화내지 말고 참으십시오.
- 대화를 하고 나서 기쁜 일은 함께 기뻐해주고, 슬픈 일은 함께 슬퍼해주며, 화나는 일은 함께 화를 내보세요. 두 마음이 하나가 되는 데는 공감대 형성만큼 좋은 것이 없습니다.

예) 처음에는 조금 의아해하던 아내가, 시간이 지나면서 함께 대화에 몰입하며 마음속에 담아두었던 얘기를 꺼내기 시작했다. 나를 원망하는 말도 했지만, 내가 진심으로 경청하자 그런 마음도 누그러드는 것 같았다.

이렇게 1주일쯤 사랑의 대화를 실천한 후 배우자나 다른 가족에게 살짝 물어보십시오.

"나 요즘 좀 달라진 것 같지 않아?"

장담하건데, 그 변화를 부정적으로 애기하는 사람은 없을 것입니다.

사랑의 대화를 계속해나가면 당신은 눈으로 확인하게 될 것입니다.

어느새 당신의 대화 기술을 체득하고 실천하는 가족의 모습을.

그리고 집에서 가득 채워진 에너지로 직장에서, 학교에서 활약하고 있는 당신의 모습을.

일과 가정의 균형을 맞춰라

새의 왼쪽 날개가 오른쪽 날개보다 훨씬 크다면 어떨까요?

한쪽 날개만이라도 확실히 큰 게 좋을까요, 작더라도 양쪽 날개 모두 크기가 같은 게 좋을까요?

당연히 양쪽 날개가 같은 크기인 게 좋겠지요.

날자마자 추락하길 원하지 않는다면 말이지요.

일과 가정의 관계도 마찬가지입니다.

일의 날개와 가정의 날개 어느 한쪽이 지나치게 큰 것보다는 두 개가 적당히 균형을 맞추어야 성공적인 비상을 할 수 있습니다.

한국이 낳은 세계적인 마에스트로 정명훈.

그는 결혼과 함께 음악에서 한 걸음 물러서자 음악을 대하는 태도에 여유가 생겼다고 합니다. 무엇보다도 가족과 함께하는 시간이 소중하며, 가족의 소중함을 모른 채 음악만 생각하며 살았다면 오히려 음악이 고통이 되었을 거라고 말합니다.

실제로 그는 가족과 함께 있을 때면 음악가도 지휘자도 아닌 가족의 성실한 짐꾼이자 요리사가 된다고 합니다.

《마에스트로 정명훈의 Dinner for 8》 참조

흔히 이런 말들을 합니다.

"일 잘하는 사람이 가정에서는 빵점이다."

"일과 가정 두 마리 토끼를 다 잡을 수는 없다."

인생을 100%로 사는 이들에겐 사실이 아니라는 것,

이젠 알았나요?

오늘은 4주차의 마지막 날.

일과 가정의 균형을 맞추겠다고 선서하는 시간을 가져보겠습니다.

금연을 하려면 서서히 담배를 줄이는 것보다 "지금 당장 끊겠다!"고 결심해야 성공 확률이 높다고 합니다.

행복한 인생을 원한다면 바로 지금! 선서하십시오.

✓ 일과 가정의 균형 맞추기 선서하기

일과 가정, 양 날개의 균형을 맞추기로 다짐하면서 아래의 내용대로 선서하십시오.

나 _______________는(은) 다음과 같이 선서합니다.

- 나는 일과 가정을 모두 소중하게 여기겠습니다.

- 나는 오늘부터 일과 가정에 균형을 맞추며 살겠습니다.

- 나는 일과 가정의 균형 속에 부와 성공이 빨리 찾아올 것이라고 확신하며 살겠습니다.

- 나는 일과 가정의 균형 속에 진정한 행복을 얻을 수 있을 것이라고 확신하며 살겠습니다.

오직 일에만 빠져 가정에 소홀한 것도, 가정에 얽매여 일을 대충 하는 것
도 건강한 상태라 볼 수 없습니다.
양 날개의 균형이 맞을 때 건강하게, 가장 멋진 비행을 할 수 있습니다.

더 높고, 더 멀리 날고 싶습니까?
일과 가정, 양 날개의 균형을 맞춰보겠다고 선서한 당신은 이미 행복을
예약해놓은 사람입니다.
당신의 결심을 축하합니다.

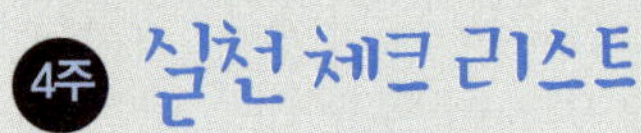

4주 실천 체크 리스트

지난 4주차 동안 당신이 해야 할 일들을 얼마나 실천했는지 확인합니다.

일차	내용	체크
1일	과거에 있었던 몰입의 경험을 떠올려보았습니까?	○
2일	**30분 조깅**으로 몰입을 경험해보았습니까?	○
	몰입을 경험했다면 그 후 느낀 점을 적었나요?	○
3일	직장 혹은 일터에서 자신의 일에 몰입해보았습니까?	○
	몰입 체험 후 소감을 적었나요?	○
4일	대화 상대를 정해 그의 이야기를 진심으로 경청했습니까?	○
	관계 속의 몰입 후 그 소감을 적었나요?	○
5일	가족에게 사랑의 대화 기술을 사용해보았습니까?	○
	그 후 느낀 점을 적었나요?	○
6일	일과 가정의 균형을 맞추겠다고 선서했습니까?	○

1~6일 중 하나라도 되어 있지 않다면 5주차로 넘어갈 수 없습니다. 해당 부분을 먼저 실천하기 바랍니다. 이 책은 변화를 위한 최적의 순서로 구성되어 있습니다. 하나도 빠짐없이, 순서에 따라 실천해야 합니다.

지난 1주일 동안 실천하며 느낀 소감을 적어봅니다.

이번 주엔 성공을 위한 몰입의 여러 기술들을 실천해보았습니다.

어떠셨나요? 모든 실천에서 몰입의 상태에 이르렀나요?

아직 완전한 몰입을 경험하지 못했다면 몇 번이고 다시 시도해보십시오.

몰입 후에는 반드시 즐거운 결과들이 따라옵니다.

그리고 그 결과들은 당신의 삶을 의미 있는 것으로 만들어줄 것입니다.

5주

꿈을 이룰 때까지 도전하라

실패란 당신이 포기를 선택할 때 나타나는 결과입니다.
성공할 때까지 포기하지 않으면 실패란 존재하지 않습니다.
—

작가 미상

가까이 다가서기만 하면 마법처럼 스르륵 열리는 자동문.

이 말없는 문명의 이기 덕분에 우리는 손끝 하나 까딱하지 않고 안팎을
자유롭게 드나들 수 있습니다.

과학 기술 문명은 생활의 모든 부분에서 정말 획기적인 편리함을 가져다
주었지요.

그런데 우리 삶에서도 이런 일이 가능할까요?

입사 지원서만 내면 당장 취직을 한다거나, 아무것도 하지 않은 채 사무
실에 앉아만 있어도 물건이 많이 팔린다거나 하는 일들 말입니다.

그런 일은 결코! 일어나지 않습니다.

우리 삶에 저절로 열리는 자동문은 존재하지 않습니다.

혹시 이런 생각을 하고 있는 건 아닌가요?

'간절히 원하지만 불가능한데 어쩌라고.'

'실패가 두려워 시작조차 못하겠는걸?'

'한국 경제의 신화'로 불리는 고 정주영 회장은 불가능하다고 얘기하는 직원들에게 이렇게 말했다고 하죠.

"당신, 해보기나 했어?"

걱정 말고 도전하십시오.

분명 당신은 성공할 수 있습니다.

이 책을 따라 삶의 기대치를 높이고,

성공을 위한 자신만의 스타일을 찾고,

절대감사와 절대긍정과 절대칭찬을 실천하고,

몰입하여 일을 즐기는 방법을 배운 당신이라면!

스물세 살, 강원도 전방에서 군복무 중이던 육군병장 김지완은 출판사 서른 곳에 영어회화책 원고를 보냅니다.

영어회화 강사 경력은 단 2년. TV 출연도, 특별한 강연 경험도 없었던 그는 그렇게 해서 《3030 English》를 출판하게 됩니다.

《3030 English》는 출판 직후 교보문고 어학 부문 베스트 2위까지 오르고 4년이 지난 지금도 대형 서점 곳곳에서 상위 순위를 굳건히 지키고 있습니다.

김지완보다 영어를 잘하는 사람은 한국에 얼마든지 있습니다.
김지완처럼 2년 이상 강의를 한 사람도 수없이 많습니다.
그렇다면 무엇이 평범했던 한 영어 강사를 베스트셀러 작가로 바꾸어놓았을까요?
그건 바로 주저없이 도전했기 때문입니다.

이제 마지막 도약의 시간이 왔습니다.
준비가 된 당신,
이제 성공을 향해 점프하십시오!

성공한 사람들의 도전 정신을 배워라

가끔 친구들이 저에게 물어보곤 합니다.

"혹시 출판사에 아는 사람 있어?"

그래서 책을 출판하게 된 것 아니냐는 말입니다.

군대 시절, 저는 강원도 최전방 GOP에서 근무했습니다.

근무시간 외에는 책을 보는 게 유일한 낙이었지요.

한 달에 책 30권 정도를 집에서 소포로 받아 읽어보곤 했는데, 그 책들의

첫 페이지엔 하나같이 출판사 편집부 이메일이 적혀 있었습니다.

제가 한 일은 그저 그 이메일 주소로 제 원고를 보낸 것뿐이지요.

그렇게 간단했냐고요?

네! 정말 그렇게 간단했습니다!

물론 저도 두려움은 있었습니다.

'혹시 내 원고를 보고 출판사에서 비웃으면 어떡하지?'

하지만 비웃으면 어떻습니까? 그것이 그렇게 중요한가요?

하고 싶은 일이 있다면 마냥 시간을 붙들고 있지 마십시오. 두려움이 생길 새도 없이 시도하세요.

설사 거절을 당하더라도 개의치 마십시오.

거절은 성공으로 가는 길에 있는 작은 웅덩이에 불과합니다.

저도 수없이 거절당하고 실패를 맛보았습니다.

미국 나이키 본사에 건강 팔찌 사업을 제안했다가 거절당했고, 미국 스타벅스 본사에 커피향 방향제 사업을 제안했다가 거절당했습니다. 심지어 벤처 회사 선배와 같이 교육용 소프트웨어를 개발하던 중 회사가 공중분해되는 황당한 경험을 한 적도 있습니다.

이런 도전들을 경험한 후에《3030 English》와 프랜차이즈 학원 사업에 성공한 것이죠.

무엇이 당신의 도전을 가로막고 있습니까?

혹시 아무 노력 없이 성공하길 기다리는 건 아닌가요?

성적을 올리든, 직장을 구하든, 주저하지 마십시오.

도전한다면 반드시 얻을 수 있을 겁니다.

<h1 style="text-align:center">오늘의 실천</h1>

오늘은 먼저 세계적인 인물들의 도전 사례를 살펴보고, 과거에 자신이 했던 도전들을 떠올리며 그 내용을 적어보도록 하겠습니다.

✓ 무한도전의 사례들 살펴보기

도전의 주인공	도전 스토리	도전의 결과
라이트 형제	새처럼 날아보겠다는 생각으로 주변 사람들에게 정신병자 취급까지 받으면서 자기 집 옥상에서 비행을 시도함.	비행기를 개발.
정주영 회장	한국에 조선소 하나 없던 시절 조선소를 짓겠다고 결심. 영국 바클레이 은행을 찾아가 자금을 빌려달라고 했다가 거절당함. 이후 거북선이 그려진 500원짜리 지폐를 들고 세계 각국의 부자들을 찾아다니며 '한국이 조선업 원조'라고 큰소리치면서 그들을 설득함.	조선업 세계 1위 달성.
빌 게이츠	대부분의 사람들이 컴퓨터라는 게 있는 줄도 모르던 30년 전. 모든 가정에 한 대 이상 컴퓨터가 있는 세상을 꿈꾸며 컴퓨터 보급화에 도전.	세계의 거의 모든 개인용 컴퓨터는 빌 게이츠가 개발한 윈도우즈를 사용.

예) 불가능을 가능으로 만든 그들의 이야기가 감동적이다. 그들은 무모하다 싶을 정도의 도전을 했는데 난 무엇을 했지? 그들의 도전에 비하면 내가 하고 싶은 일은 별것 아닌 것처럼 느껴진다. 솔직히 말하면 이 핑계 저 핑계 대며 게으름을 피웠던 것도 사실. 이젠 진짜 한번 해보는 거야!

라이트 형제, 정주영 회장, 빌 게이츠, 그들의 도전은 분명 무모했습니다.

그러나 그들은 해냈습니다.

불가능을 겁내지 않는 도전 정신, 그 발칙하면서도 순수한 생각 때문이었습니다.

당신이 도전할 수 없도록 만드는 건 당신의 능력이 아니라 당신의 생각입니다.

불가능하다고 말하지 마십시오. 정말 불가능해집니다.

가능하다고 생각하고 실천하십시오. 정말 가능해집니다.

과거에 당신이 무엇엔가 도전했던 경험 세 가지를 떠올리고 아래에 글로 적어보십시오.

> 예) 대학교 축제 때 10km 단축 마라톤에 도전한 적이 있다. 6km쯤 뛰고 기진맥진해 포기했는데, 기회가 온다면 다시 한 번 도전해보고 싶다.

어떤 일에든 당신이 도전한 일이 있었다는 사실에 새삼 가슴이 두근거리지 않나요?

도전이란 그만큼 우리를 기분 좋게 흥분시키는 일입니다.

이번에는 요즘 당신이 어떤 일에 도전하지 못하는 이유를 생각나는 대로 적어보십시오.

> 예) 한두 번의 도전이 실패로 끝난 후 뭐랄까, 도전 자체가 두려워진 것 같다. 새삼스럽게 이 나이에 무슨 도전인가 싶기도 하고. 용기가 생기지 않는다.

인간은 본능적으로 도전 의지를 가지고 태어납니다.

아기가 걸음마 배우는 모습을 잘 살펴보십시오.

생의 첫 걸음을 떼기 위해 아기는 수없이 넘어지고 또 넘어집니다.

하지만 결코 지치지도 않고 포기하지도 않습니다.

그리고 마침내 한 발짝 두 발짝 걷는 데 성공한 후 환한 웃음을 짓습니다.

이 직립보행의 위대한 도전은 당신도 이미 경험한 일입니다.

당신은 태어나면서부터 도전하는 법을 알고 있었습니다.

당신은 무한도전의 기쁨을 온몸으로 기억하고 있는 사람입니다.

당신이 도전할 수 없도록 만드는 건 당신의 능력이 아니라 당신의 생각입니다.

도전하십시오.

당신은 할 수 있는 사람입니다.

도전의 구체적인 목표를 정하라

무한도전의 멋진 주인공들에게서 용기를 얻고 '나도 겁먹지 않고 도전해
보겠노라' 결심했나요?
도전하십시오.
잠시 잊고 있었을 뿐 당신은 이미 도전하는 법을 아는 사람입니다.

작가가 되기를 간절히 원했던 한 소년이 있었습니다.
그 소년은 출판사에 투고한 후, 거절 쪽지를 받을 때마다 자신의 침실 벽
에 박힌 대못에 그 쪽지들을 꽂아두었습니다.
열네 살 때 이미 그 대못의 길이만큼 거절 쪽지를 채웠다고 하니,
그동안 얼마나 많은 좌절을 겪었을까 상상할 수 있을 겁니다.

하지만 아니었습니다. 소년은 거절 쪽지를 받은 순간에도 전혀 실망하지 않고 오히려 신나는 노래를 들으며 이렇게 말했다고 합니다.

"괜찮아. 아직 면도할 필요도 없는 나이에는 실패를 맛보아도 얼마든지 낙관적일 수 있으니까."

놀랍지 않습니까?

그는 스물여덟 살에 《캐리》라는 작품으로 문단에 데뷔합니다. 작가가 되겠다고 마음먹은 지 14년 만에요. 그리고 그 후에도 끊임없는 도전으로 세계 최고의 베스트셀러 작가가 되었습니다.

그는 바로 미국의 천재적인 작가, 스티븐 킹입니다.

《유혹하는 글쓰기》 참조

당신이 도전을 주저하는 이유는 무엇입니까?

실패할까 봐 두려워서라고요?

넘어져보지 않고 자전거 타는 법을 배울 수 없듯, 실패해보지 않고는 성공할 수 없습니다.

남들이 비웃을까 봐 신경이 쓰인다고요?

남을 만족시키려 하지 말고 당신 자신을 만족시키십시오.

도전하는 방법을 모르겠다고요?

도전에는 방법이 없습니다.

Just do it! 그냥 도전하십시오.

오늘의 실천

오늘은 도전의 구체적인 목표를 정해 굳게 결심하는 시간을 갖겠습니다.

√ 도전 목표 쓰기

1 먼저 1주차 'Day 3' 실천 페이지에서 작성한 '꿈 테이블'의 '원하는 목표'를 펼쳐
보십시오.

2 꿈 테이블을 보고 당신이 어떤 일에 도전할 것인지 아래에 1~2문장으로 간단히
적으십시오.

3 완성한 문장을 선서하듯 큰 소리로 외칩니다.

예) 예전부터 하고 싶던 프랜차이즈 레스토랑 사업에 도전해보겠다. 나만의 성공적인 창업 스토리를 만들
어내고 싶다.

도전 계획을 쓰는 동안 가슴이 쿵쿵 뛰었습니까?
그렇다면 도전하는 당신의 자세는 만점입니다.

이제 도전을 구체적으로 실행해나갈 단계입니다.
마음만 앞서 우선 하던 일부터 그만두자는 식이라면 일찌감치 접으십시오.

도전을 하는 사람에게 철저한 준비만큼 중요한 것은 없습니다.
이 세 가지를 기억하십시오.
결단은 단호하게, 준비는 철저하게, 마무리는 확실하게!

도전을 위해 두드려야 할 문이 있다면 몇 번이고 두드리세요!
두드림의 법칙은 수학입니다. 확률이지요.
한 명에게 데이트 신청을 해서 승낙받을 확률보다, 열 명에게 데이트 신청을 해서 승낙받을 확률이 훨씬 높습니다.
두드리는 횟수가 늘어나는 만큼 성공의 확률도 높아집니다.
포기하지 않으면 실패란 없습니다.
실패는 포기를 선택하는 것, 즉 도전을 멈추는 일입니다.

도전의 마스터플랜을 준비하라

오늘은 도전에 성공하기 위해 구체적이고 치밀한 준비를 해보는 날입니다. 먼저 아래의 문장에 당신의 이름을 넣고 큰 소리로 읽어보십시오.

나 ________________는(은) 도전에 성공하기 위해 철저히 준비할 것을 결심한다!

정말 결심했습니까? 그러면 우리가 기억하기로 했던 다음 세 가지를 다시 한 번 외쳐보십시오.

결심은 단호하게, 준비는 철저하게, 마무리는 확실하게!

아무 재료도 없이 일품요리를 만들 수 있을까요?

공부하지 않고 고시에 패스할 수 있을까요?

당신이 도전하기로 마음먹은 이상 철저한 준비는 필수입니다.

목표를 정하고, 구체적인 계획을 세우고, 그 계획대로 실천해나가는 것은 도전의 정석입니다.

빈틈없는 플랜과 적극적인 실천만이 성공을 당신 것으로 만듭니다.

아무런 계획 없는 도전은 무모한 도전이며 결국 실패로 끝날 수밖에 없습니다.

언제나 무모하게 덤비기만 하면서 피곤한 인생을 살고 싶습니까?

아니라면 구체적인 도전 계획을 세우고 꿈을 향해 한 발 한 발 나아가고 싶습니까?

이제 본격적으로 도전 플랜을 세워볼 차례입니다.

오늘의 실천은 당신이 성공하기 위해 반드시 밟아야 할 수많은 계단 중 하나입니다.

오늘의 실천

어떤 목표에 도전하든 정신적인 자세와 동기가 중요합니다. 도전의 구체적인 플랜을 세우기 전 다음 네 가지 사항을 확인하십시오.

1 이 일이 나에게 맞는 일이며 남들과 나 자신에게 기쁨을 줄 수 있는 일인가.

2 내가 가지고 있는 능력에 비해 목표가 환상적으로 높거나 성취감을 느낄 수 없을 만큼 터무니없이 낮지는 않은가.

3 인생을 좀 더 나은 것으로 만들겠다는 진취적인 마인드의 도전인가, 현실이 불만스러워 마지못해 선택한 소극적 도전인가.

4 초기에 눈에 띄는 성과가 없거나 고전을 하더라도 긍정적인 생각을 가지고 흔들림 없이 해나갈 자신이 있는가.

이 중 하나라도 부정적인 판단이 들 경우 목표를 수정하십시오.

시간이 걸려도 좋습니다.

'됐어!' 하는 생각이 들 때까지 수정하십시오.

마음의 자세와 동기가 허술한 성공은 절반의 성공일 뿐이니까요.

당신의 도전은 자신과 타인 모두에게 기쁨이 되어야 합니다.

당신의 도전은 가슴 벅찬 성취감을 느낄 수 있을 만큼 적당히 높은 목표를 가지고 있어야 합니다.

당신의 도전은 몇 번의 실패쯤 교훈으로 만들어버리는 강한 의지를 품고 있어야 합니다.

이제 도전의 자세와 동기가 분명해졌습니까?

그러면 뒷장으로 넘어가 도전 플랜을 세우십시오.

✓ 도전 플랜 세우기

도전 플랜

도전할 분야	예) 프랜차이즈 웰빙 레스토랑 창업
도전할 시기	예) 2010년 3월
도전하기 위해 준비해야 할 것들	예) 1. 프랜차이즈 웰빙 레스토랑 성공 사례와 실패 사례를 리서치하고, 내 적성에 맞는지와 경기불황에도 도전해볼 만한 아이템인지를 분석한다. 2. 해당 가맹점의 슈퍼바이저를 찾아가 경영 매뉴얼과 그에 따르는 이론과 실무를 최대한 자세히 알아본다. 3. 상권을 고려해 어디에 가맹점을 오픈할 것인지 연구한다. 투자비가 많이 들더라도 안정적인 상권에서 할 것인지, 투자비를 적게 들이고 상권과 떨어진 곳에서 공격적 접근을 시도할 것인지 등등. 4. 프랜차이즈이지만 고객이 행복해할 감성 서비스를 제공해 매출을 유도할 수 있는 방법을 연구한다. 5. 이익의 일부를 지역의 소외된 이웃에게 기부해 고객과 함께하는 이웃 사랑 실천의 모범을 보인다.

| 나의 도전을
도와줄
사람들이나 요소들 | 예) 현재 영업 중인 A지점 점주의 조언을 얻고 그에게 부탁해 가맹본부의 슈퍼바이저를 만나본다. 내 일을 자기 일처럼 여기는 베스트 프랜드와 아내에게 의견을 들어본다. |
| 도전하지 않고
10년이 흘렀을
때의 느낌 상상 | 예) 회사가 구조조정에 들어간 지금, 10년 전 그때 도전했어야 했는데 하는 후회가 든다. 나이가 드니 새로운 일을 할 용기도 나지 않고 암담하기만 하다. 해보고 후회하는 것이 해보지 않고 후회하는 것보다 낫다는 말이 딱 맞는 것 같다. |

당신이 계획한 도전 플랜이 마음에 듭니까?

그렇지 않다면 마음에 들 때까지 고치고 또 고치십시오.

당신의 무한도전이 시작된 것을 축하합니다.

놀라운 결과가 나타나기를 뜨거운 가슴으로 응원합니다.

문제를 거꾸로 뒤집어라

당신의 도전 플랜을 꼼꼼히 짜본 소감이 어떻습니까?

혹시 실패해본 경험 때문에 도전을 앞두고 몹시 두려운 분이 있나요?

 L이라는 사람은 스물세 살부터 되는 일이라고는 없었습니다.

하는 사업마다 실패했고, 정치를 하면서부터는 입후보하는 선거마다 낙

선의 고배를 마셔야 했습니다.

29년이라는 긴 시간 동안 실패에 실패를 거듭한 그는 마침내 백전백패의

고리를 끊고 한 나라를 책임지는 대통령이 되었습니다.

그가 미국 역사상 가장 존경받는 대통령 에이브러햄 링컨이라면 믿겠습

니까?

1986년부터 약 6년간, 영국의 축구팬들은 맨유의 감독이 된 F를 경질해야 한다며 비난을 퍼부었습니다. 리그 우승을 한 번도 이끌어내지 못했기 때문입니다.

그러나 팀을 맡은 지 7년째 되던 해 그는 처음으로 리그 우승을 차지했고, 그 후로는 우승을 밥 먹듯 하며 영국 왕실로부터 기사 작위까지 수여받았습니다.

이미 눈치 챘지요?

그는 '우승 제조기'로 통하는 맨유의 명감독 알렉스 퍼거슨입니다.

성공적인 인생을 살기가 너무나 힘들다고요?

링컨은 29년, 알렉스 퍼거슨은 7년을 끝없이 도전하며 기다렸습니다. 빛나는 성공을 이루었던 수많은 선배들 역시 좌절과 실패의 쓴맛을 수없이 보았습니다.

그들이 실패자들과 다른 유일한 차이점은 단 하나!

도전을 멈추지 않았다는 것입니다.

오늘의 실천

오늘은 문제에 직면했을 때 도움이 되는 매우 유용한 기술을 배워보겠습니다. 이 기술은 변화심리학의 최고 권위자 앤서니 라빈스의 《네 안에 잠든 거인을 깨워라》에 나오는 것으로, 문제를 바라보는 방식을 완전히 바꾸어 변화를 이끌어내는 놀라운 기술입니다.

✓ 문제 뒤집기 기술 연습하기

1 어려운 문제나 상황에 직면했을 때 잠시 생각을 멈춥니다.

2 최대한 마음을 편안하게 하고 심호흡을 합니다.(복식호흡을 하면 더 좋습니다. 숨이 배 아래까지 내려가도록 최대한 깊게 들이마셨다가 다시 올라가도록 숨을 최대한 내쉽니다.)

3 미소를 띤 채 머리를 과하다 싶을 만큼 앞뒤로 신나게 흔들면서, 장난스럽게 어깨를 덩실거리며 소리 내어 말합니다.
예를 들어 방송국 아나운서 공채에 떨어졌다면 "난 이번 방송국 아나운서 공채에서 보기 좋게 떨어졌어. 그런데 내가 겪은 이 문제의 좋은 점은 뭐지?"라고 말해봅니다.
기분이 좋아질 때까지 이렇게 여러 번 반복합니다.

왜 머리를 흔들고 어깨를 덩실거려야 하느냐고요?

몸을 흔들어주면 세로토닌과 도파민, 아드레날린이 분비되어 기분이 좋
아져 창조적인 사고가 가능하기 때문입니다.

기분이 좋아졌다면 이어서 당신 스스로에게 다음 다섯 가지 질문을 해보
십시오.

1 이 문제의 좋은 점은 무엇인가?

2 이 일에서 아직 완전하지 못한 부분은 어떤 것인가?

3 이 일을 원하는 대로 해결하기 위해 나는 기꺼이 무엇을 할 수 있는가?

4 이 일을 원하는 대로 해결하기 위해 나는 기꺼이 무엇을 포기할 수 있나?

5 이 일을 원하는 대로 해결하기 위해 필요한 일을 하는 동안, 어떻게 하면 그 과정
을 즐길 수 있을까?

《거인이 보낸 편지》 참조

자기 자신에게 진지하게 물어보았나요?

어떤 생각이 떠오릅니까?

'문제를 다른 각도에서 바라볼 수 있겠구나.'

이런 생각이 들었다면 당신은 문제를 더 빨리, 새로운 방향으로 전환시킬 수 있는 영리한 사람입니다.

당신이 도전하고 있는 일에 장애가 되는 문제가 생겼다면 절대로 회피하지 마십시오.

주눅이 들어 더 이상의 도전을 포기해서도 안 됩니다.

어려운 문제에 그대로 갇혀 있지도 마세요.

아무런 해결책도 찾을 수 없으니까요.

우선 문제에서 날렵하게 빠져나와야 합니다.

그리고 위에서 배운 '문제 뒤집기 기술'을 해본 후, 위의 다섯 가지 질문들을 적용시켜보십시오.

문제가 새로운 각도에서 새롭게 보이며 해결의 방법이 보이기 시작할 것입니다.

예) 변화심리학의 최고 권위자 앤서니 라빈스가 추천하는 기술이라고는 하지만 조금 어이없는 해법 같기
도 했다. 결과는 글쎄, 아직 잘은 모르겠지만 어렵다고 생각했던 일들이 조금은 쉽고 가볍게 느껴지는
것 같기도 하다. 기분도 괜히 좋아지는 느낌이고.

실패는 별일이 아닙니다.

포기가 성공을 불가능하게 만드는 가장 큰 적이지요.

산을 오르는 길은 여러 갈래입니다. A코스가 고통스럽다면 B코스로 바꾸
세요. 당신은 그 산의 정상에만 올라가면 되니까요.

'실패는 성공의 어머니'란 격언이 진부하게 들리나요?

결코 아닙니다.

당신이 마음먹기에 따라 실패는 성공보다 더 큰 도전의 힘을 주는 값진
경험이 될 수 있습니다.

도전이 뜻하지 않은 문제로 막힐 때, 그냥 웃으며 이렇게 자꾸 물으세요.

"이 문제의 좋은 점은 뭐지?"

문제를 새로운 관점으로 보이게 하는 신기한 질문입니다.

실패를 '작은 일'로 만들어라

새로운 도전을 위한 '문제 뒤집기 기술', 사용해보았나요?

자신을 괴롭히는 문제에서 새로운 해법을 찾아내는 신기한 기술.

일상의 사소한 일들에서도 이 기술을 연습해보세요.

실제의 도전에서 난관에 부딪혔을 때 더 쉽게 효과를 볼 수 있으니까요.

오늘은 실패의 경험이 도전의 용기를 빼앗아가지 않도록 위안의 시간을
가져보는 날입니다.

이야기 하나를 먼저 들려드리겠습니다.

어느 거대한 왕국의 왕이 사랑하는 막내아들에게 금반지를 선물하기로
했습니다.

금반지에는 멋진 문구를 새겨 넣기로 했지요.

왕은 나라의 최고 석학들과 종교 지도자들을 모두 불러 반지에 들어갈 문구를 짜내도록 했습니다.

생각지도 못한 훌륭한 문구들이 쏟아져나왔지요.

왕은 가슴이 벅차 그 문구들을 읽고 또 읽었습니다.

하지만 왕이 선택해야 할 문구는 단 하나.

왕은 근사하고 멋들어진 문구들을 옆으로 치우고, 아주 단순하며 짧은 문구를 골랐습니다.

'이 세상 모든 것은 다 지나가리라.'

이게 대체 무슨 말이냐고요?

말 그대로입니다.

아무리 추운 겨울이라도 반드시 지나가게 되어 있습니다.

아무리 힘든 경제 위기도 반드시 지나가게 되어 있습니다.

아무리 괴로운 시험이라도 반드시 지나가게 되어 있습니다.

아무리 뼈아픈 실패라도 반드시 지나가게 되어 있습니다.

얼마나 멋진 말입니까.

'이 세상 모든 것은 다 지나가리라.'

실패도 포기하지 않으면 값진 경험으로 바뀝니다. 성공을 위한 좋은 양분을 섭취하게 하지요.

오프라 윈프리는 이렇게 말했습니다.

"저는 실패란 존재 자체를 믿지 않아요. 그 과정을 즐겼다면 실패한 것이 아니니까요."

과연 토크쇼의 여왕다운 말입니다. 잘 알려진 '오프라 윈프리의 십계명' 중 마지막 계명은 그 말과 일맥상통합니다.

'포기하지 말라.'

여기, 수없이 거절당한 사람들의 이야기를 소개합니다.

1	누적 판매부수 3억 7,500만 부인 세계적 베스트셀러 《해리포터》 시리즈. 이 굉장한 판타지 소설의 작가 조앤 롤링은 출판사들에게 열두 번 거절당하고 나서야 책을 출판할 수 있었습니다.
2	10억 장 이상의 앨범을 판매한 세계적인 그룹 비틀즈. 첫 앨범을 내기까지 약 50개의 음반 회사가 그들을 거절했습니다.
3	한 편의 영화당 약 300억 원의 개런티를 받는 세계적인 배우 브래드 피트. 그 역시 첫 배역을 따내기 위해 수백 번 오디션을 보았고, 그렇게 해서 얻은 첫 배역의 개런티는 단돈 100달러였습니다.
4	비, 원더걸스의 프로듀서이자 한국 최고의 가수 박진영. 그는 한국 최초로 빌보드 탑 10 앨범에 자신의 곡을 수록하며 깜짝 놀랄 일들을 해냈지만, 처음 발탁되기까지 열세 번이 넘는 오디션에서 탈락해야 했습니다.

당신에게는 실패한 경험이 있을 겁니다.

당신은 몇 번의 도전 끝에 포기했습니까? 한 번? 세 번? 일곱 번?

위에 소개된 인물들만큼 실패를 많이 경험해본 적이 있나요?

만약 조앤 롤링이 원고를 열한 번까지 보내고 포기했다면 우리는《해리포터》시리즈를 만날 수 없었을 것입니다.

박진영이 열세 번째 오디션에서 포기하고 말았다면 한국 가수가 빌보드 차트에 오르는 사건은 일어나지 않았겠지요.

우린 너무 일찍 포기하는 건 아닐까요?

실패는 별일이 아닙니다. 포기가 성공을 불가능하게 만드는 가장 큰 적이지요.

아무리 뼈아픈 실패라도 반드시 지나가게 되어 있습니다.

우리가 할 일은 실패가 지나갈 때까지 조용히 기다리는 것이며, 또다시 성공을 향해 나 있는 문을 찾아 신나게 두드리는 것입니다.

지금 부도 위기에서 고통받고 있습니까?

입사 시험에서 낙방의 고배를 마셨나요?

기억하세요!

"모든 것은 다 지나가게 되어 있습니다."

오늘의 실천

오늘은 과거 어떤 일에 도전했다가 실패했던 기억을 떠올려보는 시간을 갖도록 하겠습니다.

아래 '실패 History 리스트'에 실패의 이력을 채워보십시오. 가능하면 3년 이상 지난 일들을 떠올려보세요.

✔ 실패 경험 리스트 작성하기

예) 4년 전 기업체 마케팅 아이디어 공모전에 응모했다가 입상하지 못한 일.
　　대학교 2학년 때 같은 과 여자에게 대시했다가 거절당한 일.

과거의 실패를 되살려본 기분이 어떤가요?

당시엔 죽을 것 같았는데 시간이 약이라는 생각이 들었을 겁니다.

그렇습니다. 모든 일은 반드시 지나가게 되어 있습니다.

위에 쓴 실패 History들 중 여전히 아픔을 주는 기억도 있겠지요.

그 아픔이 또 다른 도전에 걸림돌이 되기도 한다고요?

이렇게 해보십시오.

실패 History에 쓰인 문장을 읽은 후 다음과 같이 소리 내어 말하는 겁니다.

"그럴 수도 있지." "다시 하면 되지."

네, 실패는 별일 아닙니다.

실패의 경험만큼 강해진 당신, 그런 당신을 기다리고 있는 건 좌절이 아니라 새로운 도전입니다.

J의 어드바이스 ★ 자신이 저지른 실수와 실패를 두고두고 후회하며 괴로워하는 분들을 위해 굿 어드바이스를 인용해드립니다.

"후회가 주는 고통 때문에 사람들은 종종 후회라는 게 아예 없었으면 좋겠다고 생각한다. 그러나 대부분의 후회는 빠르게 생겼다 없어지면서 아무도 모르게 우리를 발전시킨다. 학업, 직업, 연애, 양육 등에 관한 후회는 너무 오래가며 우리를 괴롭히지만, 그건 아직 남아 있는 기회를 잡으라는 경고의 소리다."

《if이프의 심리학》 참조

'분석, 재도전, 기다림'의 3박자를 맞춰라

어제, 실패의 기억을 떠올리고 그때의 상처를 잘 보듬으셨습니까?

도전하려는 우리는 늘 낙천적이고 긍정적이어야 합니다.

모든 것은 다 지나가게 되어 있으니까요. 그럴 수도 있으니까요. 다시 하면 되니까요.

인생에서 10전 10승하는 사람은 없습니다.

하지만 중요한 게 있죠. 실패의 횟수는 줄일수록 좋다는 것입니다.

방법은 아주 간단합니다.

'왜' 실패했는지 분석하는 겁니다.

싸움도, 사랑도, 스포츠도, 도전의 대상을 철저히 분석해야 승리할 수 있듯이 말이지요.

공중파 방송국 개그 콘테스트에 네 번이나 떨어진 지원자가 있습니다. 수없이 개그 아이템을 준비하고 잠도 못 자며 연습했지만 번번이 최종 입상엔 들지 못했지요. 결국 그는 포기하고 말았습니다. 그의 실패 요인은 무엇이었을까요?

첫째, 그에겐 개그 연습보다는 분석이 필요했습니다.
'공중파가 안 된다면 케이블TV를 두드려볼 수도 있다' '개그 소재도 중요하지만 특별한 개인기가 필요하다' 등의 분석이 있었다면 실패는 두 번 정도로 끝나지 않았을까요?
둘째, 그는 기다림의 미덕을 알지 못했습니다.
세상의 모든 일은 때가 되어야 이루어지는 법입니다.
당신의 꿈에 최선을 다했습니까?
그렇다면 기다리십시오. 모든 일에는 다 때가 있습니다.

5주, 30일을 성실히 따라왔는데 눈에 보이는 성과가 없다고요?
먼저 정말 하나도 빠뜨리지 않고 따라했는지 되돌아보기 바랍니다. 자신 있게 "그렇다"라고 대답할 수 있다면 실망하지 마십시오. 아직 남은 게 있습니다. 그것은 바로 기다림의 시간입니다.

✓ 실패 분석과 재도전 준비하기

1 5주를 거쳐 지금까지 오면서 잘 안 되었던 일을 적어보십시오.

예) 그동안 쓴 원고를 책으로 출판하고 싶어 출판사 문을 두드렸지만 계속 거절당했다.

2 실패한 이유가 무엇인지 분석해봅니다.

예) 원고를 친구들에게 보여준 결과 재미, 즉 대중성이 없다고 했다.

3 당신의 노력으로 실패 원인을 해결할 수 있는 방법을 적으십시오.

예) 지금 원고의 큰 틀이나 내용은 유지하되 재미있는 삽화를 추가해본다.

4 재도전의 시작을 어떻게 할 것인지, 그 계획을 구체적으로 적어보십시오.

예) 1. 내일부터 즐거운 마음으로 다시 원고를 잡는다. 2. 원고 검토 후 내용을 풍부하게 할 자료와 사례들을 열심히 수집한다. 3. 좀 더 생동감 있고 재미있는 문체로 신나게 수정!

공들여 작성했습니까?

실패 다음 차례는 포기가 아니라 분석입니다. 그리고 재도전입니다.

수백만 시청자들의 웃음을 책임지는 최고의 국민 MC 유재석.

지금의 그가 있기까지는 데뷔 후 10년의 세월이 필요했다고 합니다.

그토록 평범해 보이는 그가 수년간 인기 정상을 달리고 있는 것은 10년

무명생활을 노력으로 극복하며 참고 기다려온 것에 대한 보상일 것입니다.

당신은 몇 년을 기다릴 수 있습니까?

현명한 엄마는 시험을 망쳐 울고 있는 아이에게 이렇게 말합니다.

"그럴 수도 있지. 다음에 다시 열심히 공부해 두 배로 만회하는 거야."

누구나 뛰다가 넘어질 수 있습니다.

그러나 그것은 별것 아닌 일입니다.

다시 일어나 옷 한 번 털고 다시 뛰면 되는 일,

멈추지 않고 뛰는 사람에게는 반드시 피니시 라인이 존재합니다.

포기하기 전까지 실패란 없습니다.

어떤 순간에도 포기하지 않기로 마음먹었습니까?

실패를 분석하고 재도전하기로 결심했나요?

이제 최선을 다하며 때가 되길 기다리기로 약속할 시간입니다.

큰 소리로 아래 서약서를 읽어보십시오.

1 나 ______________는(은) 아무리 힘들어도 절대 주저앉지 않을 것
이다.

2 나 ______________는(은) 성공할 때까지 기다리고 또 기다릴 것이다.

3 나 ______________에게는 반드시 성공이 찾아올 것이다.

이렇게 다짐한 당신에게 이제 포기는 없습니다.
그리고 실패도 없습니다.
오직 기다림 끝에 당신을 맞이할 성공만이 있을 뿐입니다.

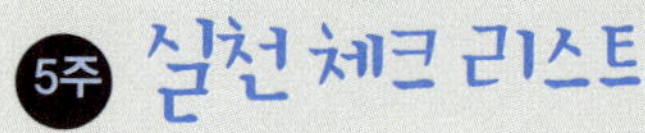

지난 5주차 동안 당신이 해야 할 일들을 얼마나 실천했는지 확인합니다.

일차	내용	체크
1일	무한도전의 사례를 살펴보고 그 소감을 적었습니까?	○
	당신의 도전 경험을 떠올리고, 요즘 당신이 도전할 용기를 내기 힘든 이유를 생각해보았나요?	○
2일	도전할 일에 대한 구체적인 목표를 세웠습니까?	○
	도전 결단 선서를 했나요?	○
3일	**도전 플랜**을 구체적으로 자세히 세웠습니까?	○
4일	**문제 뒤집기 기술**을 실천했습니까?	○
	문제 뒤집기 기술 연습 후 소감을 적었나요?	○
5일	**실패 경험 리스트**를 작성해보았습니까?	○
6일	5주차를 회상하며 잘 안 되었던 일을 분석해보았습니까?	○
	기다림 서약서를 힘주어 읽었나요?	○

1~6일 중 하나라도 되어 있지 않다면 책을 덮지 말고 부족한 부분을 다시 실천하기 바랍니다. 이 책은 성공을 위한 최적의 순서로 구성되어 있습니다. 반드시 하루도 빠짐없이, 순서에 따라 실천해야 합니다.

지난 1주일 동안 실천하며 느낀 소감을 적어봅니다.

이번 주엔 중간에 포기하지 않고 꿋꿋이 성공을 향해 나아가기 위한 실천들을 해보았습니다.

이제 실패의 두려움이 사라졌나요?

수십 번 떨어지고 넘어지더라도 툭툭 털고 일어날 수 있나요?

실패를 조각조각 분석해 더 확실한 목표로 도전에 나설 자세를 갖추었나요?

목표를 위해 올인한 후 때가 올 때까지 기다릴 준비가 되었나요?

포기하지 않고 5주차를 마친 당신은 이미 '슈퍼맨 실천법 30'이라는
어려운 과제를 성공적으로 해낸 능력 있는 사람입니다.

자신의 결핍을 알아내고 삶의 기대치를 높인 당신,
멋진 드림무비를 상영하고 드림 이미지를 구축한 당신,
절대감사와 절대긍정과 절대칭찬의 마법을 알고 있는 당신,
몰입의 기술로 최고의 결과를 얻을 수 있는 당신.
이제 목표를 향해 자신 있게 도전하십시오.

성공은 이미 당신 것입니다.